知识生产的原创基地

BASE FOR ORIGINAL CREATIVE CONTENT

稻盛经营学与儒家文化

白波——著

The Relationship of Kazuo Inamori's Management and Chinese Confucian Culture

SPM
南方出版传媒
广东经济出版社
·广州·

图书在版编目（CIP）数据

稻盛经营学与儒家文化 / 白波著. — 广州 : 广东经济出版社, 2022.1

ISBN 978-7-5454-8157-0

Ⅰ. ①稻… Ⅱ. ①白… Ⅲ. ①企业管理 – 研究 – 日本 – 现代 Ⅳ. ① F279.313.3

中国版本图书馆 CIP 数据核字 (2021) 第 258135 号

策 划 人 颉腾文化

责任编辑 陈 潇 李泽琳 王春蕊 **封面设计** Colin

稻盛经营学与儒家文化

DAOSHENG JINGYINGXUE YU RUJIA WENHUA

出 版 人 李 鹏

出版发行 广东经济出版社（广州市环市东路水荫路 11 号 11 ～ 12 楼）

经 销 全国新华书店

印 刷 北京市荣盛彩色印刷有限公司（河北省保定市涿州市常家庄村）

开 本 880 毫米 ×1230 毫米 1/32

印 张 9

字 数 177 千字

版 次 2022 年 1 月第 1 版

印 次 2022 年 1 月第 1 次

书 号 ISBN 978-7-5454-8157-0

定 价 49.00 元

图书营销中心地址：广州市环市东路水荫路11号11楼

电话：（020）87393830 邮政编码：510075

如发现印装质量问题，影响阅读，请与本社联系

广东经济出版社常年法律顾问：胡志海律师

作者简介

白波，1999 ~ 2019 年就职于中兴通讯股份有限公司。在中兴通讯工作的 20 年中，随着公司由国内一个中型企业成长为世界通信龙头企业，白波也从一名普通员工成长为公司副总裁。他负责过中兴通讯国内通信系统设备大区和全国手机市场销售工作，见证并参与了中国通信业波澜壮阔的 20 年大发展，经历了中国通信系统设备群体突破的“巨大中华”（巨龙、大唐、中兴、华为）时代和国内手机崛起的“中华酷联”（中兴、华为、酷派、联想）时代，2019 年底以中兴通讯副总裁、手机中国 CEO 的身份离职。

一直以来，白波对中国儒家文化深感兴趣，精读了《大学》《论语》《孟子》《中庸》《传习录》等儒家经典理论丛书。从 2019 年开始，他又大量阅读稻盛和夫先生的著作，在阅读过程中深感稻盛和夫经营学，尤其是其中的经营哲学和儒家思想有着千丝万缕的联系，在某一方面甚至可以说稻盛和夫经营学是儒家思想在经济领域的应用与突破，其弥补了儒家思想在企业管理方面的很多不足，并对儒家思想在现代企业管理中的应用产生重大影响。白波结合他十多年的企业经营管理经验写成此书，希望能对喜爱中国儒家思想文化和稻盛和夫经营学的企业家在实践稻盛和夫经营学中有所帮助，从而助力一批有理想的企业家成就自己的非凡梦想。

自序

稻盛和夫经营学于2000年前后传入中国，引起了中国企业界的关注。2010年稻盛先生成功拯救日本航空公司后，更是名满天下，全球兴起了一股学习稻盛先生经营之道的热潮。和日本一衣带水的中国，处在学习的旋涡中心，稻盛先生提出的阿米巴经营更被中国的很多公司认为是企业管理的法宝，受到很多企业家的推崇。大量公司学习阿米巴经营，应用阿米巴管理，社会上也出现了很多阿米巴经营培训机构为企业做培训和导入。哪些公司适用稻盛和夫经营学？导入阿米巴经营要做什么准备？这是企业在应用稻盛和夫经营学之前需要回答的问题，弄清这些问题对企业的经营者尤为重要。这正是我写这本书的初衷。

我对稻盛和夫经营学的理解是：稻盛先生的人生哲学和经营哲学组成稻盛和夫经营学的“道”，其中人生哲学是“道”之根本，其核心就是以“利他之心”磨炼灵魂，以

“作为人，何为正确”作为判断所有问题的基准。管理会计学是稻盛和夫经营学这个“道”在实际经营中的具体体现，阿米巴经营是经营企业之“术”，“道”是树根，“术”就像枝干和叶。

首先，如果没有深刻理解并先在公司打好稻盛先生经营哲学的基础，没有把“根”培养好，就直接引入阿米巴管理，很可能会带来公司的混乱甚至崩溃。因为稍具规模的公司面临的最大的经营问题之一，就是由于公司内的部门壁垒引起的内耗，造成企业执行力差，使企业失去活力被市场淘汰。而阿米巴经营却将企业组织更加细化，并在一定程度上提倡部门间竞争的管理方式，如果没有很好地导入稻盛先生的经营哲学，必将造成部门间恶性竞争和内耗加剧，导致企业经营恶化。

其次，阿米巴经营还强调现场管理，为了满足阿米巴对市场的快速反应（这也是阿米巴经营最重要的价值之一），大多数经营数据是由一线阿米巴巴长自己每天填写的，虽然后续有公司经营管理部门和会计部门核实，但数据大面积失实后靠管理部门核查纠正是不现实的，而且数据如果不能保证真实就会造成支撑阿米巴的管理会计系统崩溃，从而导致公司管理的全面混乱。但是，要保证阿米巴巴长在面临巨大经营压力的情况下如实填写数据，就必须要求公司员工保持很高的道德水平，这需要以稻盛先生的“作为人，何为正确”为判断基础的经营哲学在公司中扎根做保证。

最后，虽然阿米巴管理要求每个阿米巴成员对业绩有明确的考核排名，但并不以此为依据对阿米巴成员进行物质上大的奖励和处罚，这和我们现在很多公司实行的绩效考核差别很大。要正确理解稻盛先生在这方面的良苦用心，同时也要求有很好的经营哲学做基础，否则阿米巴关键的考核奖励体系将难以实现，阿米巴也是只有其形而无其神，不能发挥作用。

从以上几点可以看出，一个公司在没有做好充分准备的情况下，贸然引进阿米巴系统必然会造成公司人员思想混乱，目标不统一使公司分崩离析。所以稻盛先生在谈到京瓷成功的原因时说：**“京瓷哲学是基础，以京瓷会计学和阿米巴经营为支柱支撑起京瓷这幢巨大宫殿。”**

而我们很多公司急于求成，只是希望尽快应用阿米巴管理，却把稻盛和夫经营学的核心经营哲学视为空谈，尤其是企业经营者对经营哲学里的理念不认可，不以身作则实践经营哲学，不亲自参与经营哲学的学习和推广，却希望通过阿米巴改善自己公司的经营。这真是舍本逐末、南辕北辙，消耗了很大的人力、物力最终却适得其反，真是可悲可叹。

实际上，稻盛先生在重整日本航空公司（以下简称日航）时，先花了近一年的时间在日航导入经营哲学和管理会计学，从日航管理层到基层员工对经营哲学进行了全面培训、讨论，并在此基础上以《京瓷哲学》为蓝本组织日航干部、员工编写了《日航经营哲学》，并将《日航经营哲学》作为日航员工的思维基准和行为准则，要求所有员工思想上对标，在日常工作中执行，然后才导入阿米巴。其实在阿米巴经营导入前日航就已经起死回生、恢复盈利，这就充分说明了稻盛先生的经营哲学和阿米巴孰重孰轻的问题。

我这本书首先要着重强调的是：**稻盛和夫经营学的核心是他的经营哲学。要想学习稻盛和夫经营学的精髓就必须先充分理解他的经营哲学，尤其是企业一把手必须充分认可、掌握经营哲学，实践经营哲学，并身体力行地在全公司推广，只有经营哲学在公司生根发芽后才能实践阿米巴经营**。

当然，稻盛先生的阿米巴经营在企业管理上具有划时代的突破，它很好地解决了企业管理中核心的全员参与经营、精细化管理、领导人培养、将产品作为企业盈利源头等问题，如果在打好稻盛先生的经营哲学的基础上正确地将阿米巴导入和运用，必将使企业快速发展成为高收益龙头企业。

既然稻盛先生的经营哲学如此重要，我们就需要厘清稻盛先生的经营哲学思想根源来自哪里，和我们的儒家传统文化有什么关系，对我们传统思想文化有怎样的继承和发展。我们不能死记硬背地学习，而是要在理解的基础上学习和运用，这也是本书最主要的目的之一。稻盛先生的经营哲学的中心思想是“利他之心”，其实质就是儒家的“仁”“义”和“良知”。稻盛先生说：**“我从中国传统文化中学到最核心的一条就是致良知，就是达至良知，按良知办事。遵循良知判断事物，我认为这是绝对性的东西。到达良知的境界，将良**

知付诸实行，就是至今我所有事业成功的最大原因。”

稻盛先生在经营和管理中坚持与人为善，认为企业生存和发展的首要目的是企业员工的物质和精神幸福，这与孟子所说的“民为贵，社稷次之，君为轻。是故得乎丘民而为天子”是相通的，即老百姓的生活幸福是建立国家最首要的目的，得民心者得天下。稻盛先生一直强调，人要有感恩之心，相信人心向善，坚持以心为本的经营，提倡用中国儒家的“王道”方式管理企业。

稻盛先生的经营哲学不仅承载了中国儒家文化中的核心思想，而且在自己近五十年的经营实践中对儒家思想进行了发展和突破，在现代经济管理中重新焕发光彩。而且通过稻盛先生在企业界取得的卓越成就，**打破了现在很多人认为儒家思想不适合现代企业管理，只适合修身养性或搞政治的片面观念，在目前充斥着所谓“胡萝卜加大棒”等管理方式的社会氛围中令人为之一振、耳目一新**。

喜马拉雅资本管理创始人，被查理·芒格称为“中国的巴菲特”的李录先生说：“伴随着经济水平的提高，人们的精神需求不断提高，很可能会出现中国式的文艺复兴，让国人重新发现中国文化中最精华的部分以及自己渊源的文化遗产，重新理解为什么中国文化在过去两三千年的时间为中国一代又一代的精英提供了完备的精神食粮。就个人而言，**中国文化的精华也正在于对士大夫‘修齐治平’的人格塑造。从社会的角度看，中国的文化复兴就是要还给中国人和中国**

社会一个共遵共守的道德伦理，以及人们可以安身立命的共同信仰，没有这样的基础，任何社会都很难长期保持繁荣进步、长治久安。也只有站在自己传统的坚实基础上，才有可能批判性地接纳外来文化，逐步、缓慢地构建社会共识。”我相信儒家文化这个经过几千年中国文明沉淀下来的，经过历史检验的优秀思想文化，经过以稻盛先生为代表的企业家不断创新突破，一定会在新时代再获青春，为社会进步做出贡献。

目前在中国关于稻盛先生的丛书有很多，据不完全统计有 60 本以上，其中大部分是国内学者翻译的稻盛先生的原著，这些书从不同角度对稻盛先生的经营哲学和经营学进行了阐述，如果大家能够系统读完，一定能充分理解稻盛先生的思想，使自己的工作和生活受益匪浅。但可能会有很多读者尤其是一些企业经营者，因为工作原因不能抽出大量时间阅读，所以总感觉对稻盛先生的思想难以全面了解，从而产生一种盲人摸象的感觉。本人精读了稻盛先生的大部分著作，且长期从事国内企业管理工作，可能更理解中国企业管理者关注的问题，所以尝试将自己理解的稻盛和夫经营学中的“道”和“术”，以及企业管理中最重要的领导力提升等核心问题，用尽可能少的篇幅阐述出来，希望能使大家在短时间内对稻盛先生的经营哲学和经营学有基本全面的认识，从而对学习稻盛和夫经营学的企业界朋友有所帮助。

虽然本书是诚心而作，但因为本人才疏学浅，又是第一次写书，所以常常感到力不从心，所幸本书的写作得到了稻盛和夫（北京）管理顾问有限公司总经理赵君豪先生，颉腾文化策划编辑欧俊老师等众多朋友的耐心指导和鼓励，才使得本书得以完成，在此，向这些老师、朋友予以衷心感谢。但总的来说，因为本人水平有限，本书只能起到抛砖引玉的作用，如果能对大家的思想有一点点启发，我将深感荣幸，同时希望能以文会友，结交更多的良师益友。

目录

第一章

稻盛和夫经营哲学中蕴含儒家文化的精髓

一、日本经营之圣稻盛和夫

稻盛和夫在65岁前创建了京瓷、KDDI两家世界500强企业，又在2010年78岁高龄之际临危受命，经过三年时间，使已经破产倒闭的日本航空公司重新崛起，并成为全球最赚钱的航空公司。稻盛和夫在制造业、电信运营业、航空运输业三个完全独立的领域里，分别打造了三个世界500强企业，可以说是前无古人了。

有一次，一位国内的管理专家向华为创始人任正非先生滔滔不绝地讲起了稻盛哲学，任正非先生打断了他的话："你不了解稻盛和夫，京瓷公司是世界顶级的高科技公司。"任正非先生一语道破真相，他接着说，"你说'一个做精密陶瓷的'，太过清淡！京瓷做的是精密陶瓷、电子陶瓷等功能陶瓷，是精密医疗器械和电子网络的核心部件，这些部件以后会大量使用陶瓷，而全球京瓷是做得最好的。京瓷已在引领一场实实在在的新材料革命，将极大地推进通信业和互联网的发展。他们几十年如一日地精进，做到了全球第一。"

两位中日当前顶级的企业家惺惺相惜，稻盛先生曾专门委托他人赠书给任正非先生，并给任先生非常高的评价："任正非的探索非常了不起，特别是在有效发挥广大一流智商人物的作用方面，超过京瓷，超过日本企业！"而对于稻盛先生的思想对自己的影响，任正非先生说："我读过很多书，我喜欢稻盛和夫的书，但不知哪一本影响了我，思想是怎样生成的。我脑袋里产生的想法我也找不到源头在哪里。"

稻盛先生被称为"日本经营之圣"，但对这个称号还有人存在疑问：稻盛先生能否担得起这个称号？"立德""立功""立言"三不朽在中国是对定义圣人的标准，我们就用这个标准衡量一下稻盛先生。

首先，看稻盛先生的"立德"。1984 年稻盛先生预见人类社会将进入信息时代，通信会对日本下一步发展及国民幸福产生重大影响，但当时日本通信业被国有巨型企业 NTT 独家垄断，通话费用居高不下，严重制约了国家通信产业的发展。国家为了打破垄断开始允许民营资本成立通信公司参与竞争，但因为 NTT 过于强大而一时没有企业敢于应战。稻盛先生凭着对国家责任的担当，经过半年扪心自问，确认自己"动机至善，私心了无"后，在毫无通信运营经验的情况下，毅然举牌成立 DDI 公司，发起了一场别人认为是堂吉诃德战风车式的打破 NTT 垄断的挑战。稻盛先生经过艰苦卓绝的努力终获成功，使日本通信费用大幅降低，通信服务水平也得到很大提升。后期稻盛先生以 DDI 公司为主，整合其他几家通信公司成立 KDDI 公司，成为当时日本第二大通信运营商。稻盛先生为了实现自己“动机至善，私心了无”的诺言，在 KDDI 获得巨大成功并上市后，没有要公司一股原始股，他放弃了这个理所应当、可以使自己增长巨大财富的机会。公司创始人不拿公司原始股票，这在商业界可能是绝无仅有的。

2010 年，稻盛先生考虑到日本航空重整失败会对日本经济重建、国民信心形成重大打击，会使日航剩下的三万多名员工失业，使“全日空”公司成为日本唯一本土航空公司，造成“全日空”公司垄断日本航空业等重大社会问题，稻盛先生在 78 岁高龄之际以患过癌症之躯，不拿一分钱报酬，在毫无行业经验的情况下出任日航董事长，带领日航重建并获得成功，这真是“苟利国家生死以，岂因祸福避趋之”的真实写照啊！

1983 年，稻盛先生成立管理培训机构“盛和塾”，为青年企业经营者做义务培训，最终全球分支机构有 100 所以上，学员 1 万多名。“盛和塾”为全球企业发展培养人才，其中不乏后来成为世界 500 强的软银创始人孙正义这样的卓越企业领导人。1985 年，稻盛先生投入自己所持京瓷公司的股票和现金等个人财产 200 亿日元，成立了“稻盛财团”，打造了类似于诺贝尔奖的京都奖，奖励为人类科学和文明发展做出突出贡献的全球青年才俊，其中很多获得过京都奖的人后续都成为诺贝尔奖获得者。综上所述，我认为稻盛先生完全达到了“立德”这一标准。

其次，看“立言”。稻盛先生创建了京瓷哲学，正式提出了经营哲学这个概念，并使人们认识到企业哲学在企业经营中的重要性，而且通过稻盛先生的不懈推广和言传身教，使拥有“利他之心”、以“作为人，何为正确”为判断标准的，具有传统儒家文化精髓的思想，在全世界企业界和大众中广为传播。稻盛先生基于佛教对宇宙与人类的起源和归宿等哲学命题也有精彩深邃的论述，对于我们建立正确的人生观和世界观有很大的指导和帮助作用。此外，稻盛先生创建的“会计七原则”“阿米巴经营”等，在企业经营管理方面对传统经营理论也形成了非常大的突破，必将对一大批有理想的企业家的事业腾飞起到有力的引领作用。我认为稻盛先生在理论方面的成就完全达到“立言”的标准。

最后，通过京瓷、KDDI、日航的成功，我估计在“立功”这方面大家不会有什么争议，在此不再赘述。从以上论述中可以看出，稻盛先生完全担得起“日本经营之圣”这个称号。

我认为，稻盛先生“立德”“立言”“立功”三个方面的成就，与我国历史上的儒家圣人王阳明最为相似，稻盛先生的经营哲学和王阳明的“心学”应该说是一种理论的两种表述。稻盛先生经营哲学的根基是以“作为人，何为正确”为判断标准的，要求剥离附着在人心之上的物欲，回归本真的心去判断事情善恶，从而决定自己的行动。王阳明则将“心学”最终归纳为“致良知”三个字，就是去除物欲恢复与生俱来的良知，用良知来指导自己的行为。稻盛先生创建“盛和塾”，将“稻盛和夫经营学”传遍天下；王阳明一生致力教育传授“心学”，亦桃李满天下。

稻盛先生一生打造了三个世界500强企业，王阳明一生指挥了江西剿匪、平定宸濠之乱、广西剿匪三场大的战役。尤其是稻盛先生的重组日航和王阳明的平定宸濠之乱，都达到了管理指挥艺术的巅峰，证明了“心”的力量的强大。

稻盛先生在退休13年后以78岁高龄担任日航董事长，领导日航重建，当时几乎所有人都认为日航已经病入膏肓、无可救药：设备陈旧无钱更换，员工士气低落、一盘散沙，内部管理官僚丛生，仅工会就有好几个，相互掣肘，被大家认为是日本国企中的国企。而稻盛先生是航空业的门外汉，毫无航空领域的经验，所以大多数人认为日航二次倒闭是注定的事，而且会很快到来。但不到一年时间，稻盛先生就让日航员工的精神面貌焕然一新，实现了日航盈利，而且盈利数额远远超过当时日本政府制定的目标。稻盛先生不到三年时间就帮助日航还清了上万亿日元欠款，使日航再次成功上市，并且成为全球航空领域盈利率最高的公司。

这好比是在一张已经乱涂乱画很久的纸上，以超出正常的速度画出了一幅世界名画，令人叹为观止。美国股神巴菲特先生通过他多年的投资经验，曾经描述过拯救这种基本面已经非常差的公司的难度：“过去这些年，我们获得的教训是，好骑士配好马才能出好成绩，一瘸一拐的老马恐怕有些力不从心。当一位声名卓著、才华横溢的经理人接管一家基本面出了名地糟糕的公司时，最终纹丝不动的必将是公司糟糕的名声，这一点很少例外。”但稻盛先生却真正做到了巴菲特先生说的很少的例外。

在平定宸濠之乱时王阳明已经卸任江西所有职务，调任福建，在去福建上任的途中听到朱宸濠叛乱的消息。朱宸濠为此次叛乱已准备了十年以上，组建并训练了十万叛军，军械精良、粮草充足，并在叛乱开始前借过生日之际，将江西主要官员一网打尽、全部关押，使江西军政全面瘫痪。当时明朝正德皇帝荒唐、昏庸，太监弄权，吏治腐败，官军战斗力低下。王阳明在江西已无职权，也没有责任去平叛，但考虑到如果等官军正式来平叛，江南大片土地可能已经沦陷，亿万人民将遭受一场大的劫难。所以王阳明不顾生死毅然振臂一呼召集官军平叛，但仅聚集了四万左右的官军。以四万对十万，以仓促应战对精心策划，以刚刚拼凑的临时部队对建制齐备的精锐之师，毋庸置疑，这是一场以卵击石的战斗，但谁都没有想到，短短 37 天就平定了朱宸濠的叛乱，使十万叛军灰飞烟灭并活捉了朱宸濠，将江南的战乱之祸消灭于萌芽之际，而这时正德皇帝率领的平叛大军才刚刚从北京出发！

稻盛先生和王阳明一个在商界一个在军界，这两场战役（商场如战场）颠覆了很多经典理论，没有办法用常规理论解释。我想了很久，可能只能用《中庸》中的“唯天下至诚，为能尽其性。能尽其性，则能尽人之性。能尽人之性，则能尽物之性。能尽物之性，则可以赞天地之化育。可以赞天地之化育，则可以与天地参矣”来解释。意思是至诚之人拥有“至诚之心”，**完全抛弃私利以“至诚之心”为国为民做事，就能与天地并列为三——天、地、我，达到儒家修行最高境界——天人合一，所以能无往而不胜，无往而不利。**

稻盛先生和王阳明的案例充分证明了思想（心）力量的强大！稻盛先生在总结日航成功经验时也说重整的速度和结果超出了他的想象，应该是感动老天的结果。

二、稻盛和夫经营哲学的核心体现了儒家文化精髓

从稻盛先生自己的叙述中，我们可以了解到稻盛先生的哲学理论大多来自儒家思想和佛教。我的看法是，稻盛先生的经营哲学大多体现儒家思想，他的人生哲学很多来自佛教，其中主要是宇宙与人类的起源和归宿等哲学命题，但两者也是相互关联和渗透的，因为儒家思想和佛教理论很多也是相近和相通的。

为什么说稻盛和夫的经营哲学体现了儒家思想精髓？那必须先看稻盛先生经营哲学的两个核心思想“作为人，何为正确”和“敬天爱人”是否也是儒家的核心思想。下面我们对这两个核心思想分别进行详细分析。

“作为人，何为正确”是什么意思？稻盛先生的意思是遵循人类最正确也是最基本的思想——诚实、正直、谦虚谨慎、勤奋努力、不自私、充满善意、有同情心、有感恩心、积极向上等来对事情进行判断并指导自己的行为，总结起来

就是“利他之心”的哲学：**要用“利他之心”作为判断问题的标准、指导自己行为的准则。在判断一件事做与不做时首先考虑的是善恶，然后再考虑自己的得失。**其中也蕴含了我们时常讨论的“做事过程更重要还是结果更重要”的答案。这个令很多人非常纠结的问题如果让稻盛先生回答，他的答案一定是过程比结果更重要！我们可以通过一个案例来证明我们的论断。有一次日本的电视节目主持人藤井彩子女士采访稻盛先生：

藤井：我想会不会有这种情况，比如，不采取紧急措施，明天企业就可能倒闭。因此，稍稍违背一下“秉承利他之心，为他人做好事”这种理念，做一点损人利己的事，这是否也在所难免？再如，为了眼前300万日元或1000万日元，我违背理念去做，对对方员工造成伤害，违反了“利他”原则，但这是迫不得已，为了企业不得不这么做。

稻盛先生：在任何情况下都不能这么做，不能损人利己。

藤井：绝对不可以吗？

稻盛先生：是的，如果要扭曲理念，那么不如连同员工在内，让企业垮台为好。

藤井：您是说……

稻盛先生：如果企业要扭曲理念才能苟延残喘，那这个企业就没有存在的意义和价值了。

稻盛先生说得多么坚决！这正是孔子所说的“不义而富且贵，于我如浮云”。孔子还说：“富与贵，是人之所欲也；不以其道得之，不处也。贫与贱，是人之所恶也；不以其道得之，不去也。君子去仁，恶乎成名？君子无终食之间违仁，造次必于是，颠沛必于是。”孔子的意思是：“富裕和显贵是人人都想得到的，但不能以正当的方式得到，我是不要的；贫穷和低贱是人人都厌恶的，但如果以不正当的方式摆脱它们，宁肯不摆脱；如果违背了仁德，那怎么还能是君子呢？所以无论是困难还是颠沛流离之时，都不能片刻放弃仁德。”稻盛先生前面的采访真像是给孔子这段话的一个完美注解。

稻盛先生说的“利他之心”和儒家讲的“仁”是不是一致呢？我们需要看一下稻盛先生说的“利他之心”是什么，从哪里来。稻盛先生认为：“利他之心”就是“真我”，它是与生俱来的，它是人人具备的，何止于人，它是万物一体之仁，是宇宙之心。

儒家的“仁”“义”是什么？从哪里来呢？孟子说：“恻隐之心，仁之端也；羞恶之心，义之端也；辞让之心，礼之端也；是非之心，智之端也。人之有是四端也，犹其有四体也。”就是说，恻隐（仁）、羞恶（义）、辞让（礼）、是非（智）之心，和人的身体一样是与生俱来的。王阳明说：“盖天地万物与人原是一体，其发窍之最精处，是人心一点灵明。风雨露雷，日月星辰，禽兽草木，山川土石，与人原只一体。故五谷、禽兽之类皆可以养人，药石之类皆可以疗疾，只为同此一气，故能相通耳。”所以孟子和王阳明说的仁义与稻盛先生说的“利他之心”都是与生俱来、万物一体的。

孔子进一步对“仁”进行了解释，他认为“仁”就是“己欲立而立人，己欲达而达人”“己所不欲，勿施于人”的先人后己之心，这不正是稻盛先生讲的“利他之心”吗？《易经》中提到：“天下同归而殊途，一致而百虑，天下何思何虑？”王阳明解释这句话的意思是：“心之本体即天理，天理只是一个，更有何可思虑的？”华与华公司创始人华衫老师解释王阳明的意思：遇到一件事，如果我们考虑如何处理对自己有利，如何达到自己的目的，那就是“用智自私”，是小聪明。**如果能无我，能何思何虑，只体认天理，循着天理，只考虑如何达到天理的目的、社会的目的，这就是大智慧。无我，则有天地**。这不就是稻盛先生以“作为人，何为正确”的利他之心进行判断的最准确的解释吗？

稻盛先生说用“利他之心”去判断事情就会“不受私心蒙蔽，就会看清事实真相，看出事物规律，并勇于按事实、规律办事”。这是稻盛先生总结的他几十年经营成功的最大原因。王阳明晚年讲他的学问无他，只有“致良知”三字，即扩充推行自己的良知并用良知指导自己的行动。他有名的四句教中说“知善知恶是良知”，即“良知”可以辨别一切是非。王阳明之所以能临危不惧、用兵如神，屡建不世之功，就是因为他拥有良知并依照良知做事，先生此心光明！

稻盛先生说：“**我从中国传统文化中学到的最核心的一条就是致良知，就是达至良知，按良知办事。遵循良知判断事物，我认为这是绝对性的东西。将良知付诸实行是至今我所有事业成功的最大原因。**”可以看出儒家的“良知”就是稻盛先生毕生追求的“利他之心”。

“敬天爱人”是稻盛先生鹿儿岛的同乡和精神导师西乡隆盛的座右铭，稻盛先生认为这四个字最能代表他的生活态度和经营哲学，所以把它作为自己的终身行为准则，并将它作为京瓷的社训要求全体员工学习和执行。

西乡隆盛是日本明治维新三杰之一，从青少年时期就学习中国儒家理论，后期因参加“尊王攘夷”运动在六年时间内被两次流放。第二次被流放到小岛长达两年时间，在这两年中西乡先生历经磨难，九死一生，但在此期间他阅读了大量的儒家学说，尤其是王阳明的“心学”，成为阳明“心学”在日本最主要的信徒和推广者，也为他日后领导明治维新运动打下了坚实的思想基础。

西乡先生“敬天爱人”的四字格言就是来源于儒家精神的核心思想，西乡先生说：“道乃天地自然之道，故讲学之道，在于敬天爱人，以克己修身为终始也。克己之真义在‘毋意、毋必、毋固、毋我’（《论语》）。**凡人皆以克己成，以纵己败**。道者，天地自然之物。人行道，是为敬天。天佑众生，故当爱人如爱己也。”稻盛先生对这句话的解释是：所谓敬天，就是依循自然之理、人间之正道，亦即天道，与人为善；所谓爱人，就是摒弃一己私欲，体恤他人，持“利他”之心。克己的真正目标是《论语》所言之“毋意、毋必、毋固、毋我”（不主观，不独断，不固执，不唯我）。凡人皆因战胜自己而成功，因放纵自己而失败。这就是儒家遵循天道、戒慎恐惧、诚意修身、爱人爱己的思想。

儒家为什么要敬天？因为儒家《中庸》开篇就讲“天命之谓性；率性之谓道；修道之谓教。道也者，不可须臾离也；可离，非道也。是故君子戒慎乎其所不睹，恐惧乎其所不闻。莫见乎隐，莫显乎微，故君子慎其独也”。意思是世间万物秉承上天的灵气各成其形，而内在的理，也赋予它了，就像上天的命令一样，所以依照天命而行，就是道，而且这个道，必须终身坚守，时时坚守，不能片刻背离，即使在别人看不到、听不到的时候，在细小的事情上也要遵守天理，按天道行事，因为上天是无所不知的，上天是欺骗不了的，这就是儒家所说的“慎独”。

儒家认为上天是万物最大的主宰，必须尊敬它并按它的旨意行事，其实就是要敬畏、学习、掌握万事万物的内在自然规律，并按规律办事。所以《诗经》上说“永言配命，自求多福”，意思就是：人要时时思念，一言一行都要符合天理，则天心佑护，多福自臻，这福都是靠自己的修行求来的，而不是靠运气得来的。孟子更讲道：“顺天者存，逆天者亡。”儒家所说的“天命”就是人生一切当然的道义和职责。

稻盛先生说：“所谓‘正道’，非人类的小聪小慧，而是天道。具体来说，便是为人处世的行为规范与基本道德——正义、公平、公正、诚实、谦虚、勇敢、努力、博爱，再加上西乡隆盛所说的‘无私’等，亦可解释为幼年时父母老师训导何为对何为错、什么该做什么不该做的道德规范——要正直，不可撒谎，不可欺骗他人。”也就是稻盛先生所说的“作为人，何为正确”的判断标准，王阳明所说的“良知”。

孔子说：“君子有三畏，畏天命，畏大人，畏圣人之言。”畏天命就是要敬畏和遵从上天赋予人的义理。儒家非常注重的家族祭祀也表示对上天的一种敬重。儒家人做事经常说，“人在做，天在看，要无愧于心”，如果一个人做了非常大的错事，最大的诅咒就是“天诛地灭”，就连孔子在被弟子子路误会后也发誓说：“予所否者，天厌之！天厌之！”意思是：如果我做错了，那就让老天厌弃我吧！厌弃我吧！可见儒家人对上天是何等地敬畏。

中国的皇帝叫“天子”，意为上天的儿子，皇权天授，皇帝的权力是上天授予的，代表上天管理和安抚百姓。所以皇帝要定时带领群臣百官敬天，向上天表示敬意，并将自己的功过向上天汇报，寻求上天的庇护。如果遇到大的天灾人祸时就要认真检点自己的行为，他们会认为灾祸是上天对自己做错事的惩罚和警示，做得不好就要改朝换代。孔子称赞尧帝执政的圣明时说："大哉尧之为君也！巍巍乎，唯天为大，唯尧则之。"意思是，尧作为君王真是伟大啊，世间万物无不按天理行事，而尧帝能遵从天理法则，治理天下。这是儒家认为君王治理天下的最高标准。

"敬天"是儒家对一个管理者最基本也是最高的要求，**不要认为自己权力在手就可以肆无忌惮、为所欲为，要对天理怀有敬畏心，按照人间正道来做事才能成功，否则即使有再大的权力和本事也注定失败**。稻盛先生说："天网恢恢，疏而不漏——别以为神灵看不到。人的一切所思所为、是非曲直，神灵全都看在眼里。如果你想获得成功，想让成功继续，那么你描绘的愿望、你怀抱的热情，都必须纯洁无瑕。"

"爱人"是"敬天"的行为，如果要"敬天"就要做到"爱人"，因为儒家思想认为人是上天的子民，是上天所造万物中的精灵，是"天地之心"，所以才有"人命关天"的说法。宋代大儒张载对儒家圣人的另一种定义就是，"为天地立心，为百姓立命"，依循宇宙本体弘扬并树立仁民爱物之心，这也是儒家治国以"民为重"为第一目标的根本原因。即使不是当政者，普通人也要做到孟子说的"亲亲而仁民，仁民而爱物"，即先亲爱自己的亲人，再仁爱百姓，最后爱惜万物。所以孔子说，"己欲立而立人，己欲达而达人""己所不欲，勿施于人"。以自己的心感受他人的心来做事，也就是我们现在所说的做事要有"同理心"，这就是"爱人"的实际行动，只有这样做事才是真正的"敬天"。

以上将稻盛先生哲学的核心“利他之心”和儒家的核心思想“仁”“义”“良知”进行对比，可以清楚地看出两者的内涵完全一致，而稻盛先生继承的西乡隆盛“敬天爱人”的思想更是直接出自儒家。

佛教说的“明心见性”和儒家讲的“存天理，灭人欲”有很大的一致性，其“明心见性”中的“性”也可以说是儒家所讲的天理、良知、明德。佛教中还提到：“不思善、不思恶时认本来面目。”王阳明则说：“本来面目则吾圣门所谓良知。”可以看出，儒家和佛教在个人追求上有很大的相同性，只是叫法不同。

不过两者还是有很大的不同，王阳明年轻时对老佛之学也有非常深的研究，最后王阳明得出结论：“只说‘明明德’而不说‘亲民’，便是老佛。”意思是说，如果只讲“明明德”（修行自身的德行），不讲“亲民”（造福百姓），那就是道家、佛教的思想了，因为儒家修行的最终目的是要亲民、造福社会，而佛教思想的目的是使人摆脱家庭、社会的纠结，不在人世间轮回，免受生、老、病、死之苦，两者在这方面有天地之别。

稻盛先生的经营哲学的使命是：在追求全体员工物质和精神两方面幸福的同时，为人类社会的进步和发展做出贡献，这是绝对的“亲民”思想。为此，稻盛先生采取了和儒家一致的入世修行，通过几十年艰苦卓绝的努力，将京瓷、KDDI、日航打造成了世界卓越企业。稻盛先生不仅磨炼了自己的灵魂，也使企业员工获得了物质和精神的幸福，为人类社会的文明进步做出了贡献。

因此，我认为稻盛先生的经营哲学不但体现了儒家思想的精髓，除此之外稻盛先生还对儒家理论在现代商业上的应用做出了系统性的突破，这在后续章节中将会说明。

三、尽人事，听天命

说到“敬天”就不能不说“尽人事，听天命”，这句话充分反映了儒家的敬天思想和做事态度。在谈到当面临困苦艰难的各种挑战自己为什么能保持积极乐观的态度时，稻盛先生指出，是因为拥有“尽人事，听天命”的心态，而且因为“尽了人事”，所以“听天命”的结果大多数都不错。

现在我们很多人也像稻盛先生那样经常说这句话，但其中很多人对这句话的理解有问题，认为“尽人事”和“听天命”是并列的、平行的，所以这句话有了碰运气的成分，有了听天由命的意思。但实际上这句话是因果、递进关系：因为“尽了人事”才能“听天命”。

在企业经营中如何“尽人事”？稻盛和夫经营学之所以容易学习，并能在日常应用，就是因为稻盛先生通过近半个世纪的经营实践，将这些较难执行的理念总结出具体的行动措施，以供我们学习和执行。比如，稻盛先生将自己的“利他之心”哲学总结为“京瓷哲学”78 条，让所有人都可以看懂、执行。

对于如何在企业经营中“尽人事”，稻盛先生在多次演讲中明确提到，“尽人事”就是要做到他总结出的“经营十二条”。我们来看一看“经营十二条”的具体内容：①明确事业的目的与意义；②设定具体的数字化目标，将它在时间和空间上分解，并带领团队坚决实现它；③胸中怀有渗透潜意识的强烈和持久的愿望；④持续付出不亚于任何人的努力；⑤追求销售最大化和经费最小化；⑥定价即经营；⑦经营取决于坚强的意志；⑧燃烧的斗魂；⑨拿出勇气做事，不可有丝毫的卑怯；⑩不断从事创造性的工作；⑪以关怀、坦诚之心待人；⑫始终保持乐观向上的态度，抱着梦想和希望，以坦诚之心处世。稻盛先生对于每一条的执行都有详细的解释和说明，他认为，只有在经营中全面落实这十二条才能叫“尽人事”。稻盛先生既是这十二条的倡导者，也是它的身体力行者，他每次在克服别人认为无法战胜的困难后，**都说是因为自己尽了人事感动了上天，所以得到了上天的怜悯和帮助，**而且和自己身边取得杰出成就的朋友交流时，大家的感受完全一致。

而我们身边很多人不要说“尽人事”，就连自己本该做的基本工作都不认真做，每天无所事事、得过且过，不愿吃苦，只想“听天命”。得到的结果不好不在自身找原因，却总认为是自己运气不好而怪老天不公，这方面历史上最具代表的就是西楚霸王项羽。项羽出生于楚国显赫的贵族家庭，拥有“力拔山兮气盖世”的完美身体条件，但他坑杀二十万秦国降兵，火烧阿房宫，尽失人心，他优柔寡断、刚愎自用，使自己众叛亲离。最终项羽被刘邦所灭，却把责任推给老天，临死还抱怨“天不予我，非我不能”，真是可悲可叹。

想“听天命”就得首先做好人事！孟子讲“行有不得者，皆反求诸己”，意思是如果没有得到自己希望的结果，要在自己身上找问题！西乡隆盛结合这句话说：“不与人对，与天对。与天相对，尽己责而毋咎人，寻己诚之不足。”稻盛先生解释这句话的意思是：“心中应该谨记，勿把人当对手，而常与天相对。与天坦诚相对，尽己之诚意，绝不咎责他人，而反省自身诚意不足。”这正是我们面临困难时应该采取的正确态度，否则像项羽那样执迷不悟，最后只能霸王别姬、自刎乌江了。

稻盛先生讲，如果自己做不好却抱怨老天，就像向天上吐唾沫，最终还是会落到自己的身上。我们要想做到“敬天”，首先就是要做好自己的事，即使最终没有达到自己的目标也要做到“不怨天，不尤人”，在自己身上找原因，持续努力，进行改进，这是做人做事的底线。从历史经验看，一个人只要心怀正义、持续努力，大多结果都不会太差，即使最终没有达到自己理想的目标，也会“失之东隅，收之桑榆”。

“听天命”的另一方面就是不钻牛角尖，在确实尽了人事后也有因为各种原因不能达成结果的情况，如果有那种情况那就坦坦荡荡地承认失败，总结失败的原因后吸取经验教训继续努力，或者在另外的事情上做得更好以弥补自己的损失，不用一直纠结在其中。**努力只是成功的必要条件而并非充分条件，努力可以不让自己沉沦，但不一定能够实现自己的目标，尤其要成就一个大的理想还需天时、地利等配合，但这都不是自己可以掌握的。**就连像孔子这样举世公认的圣人，为实现自己的理想冒着生命危险不辞辛苦奔波于列国，也没有实现自己治国、平天下、匡扶正道的理想，但他没有怨天尤人，而是将自己的政治抱负改为教书育人，为往圣继绝学，从而建立了2000多年来影响中国乃至东亚人民最大的儒学，成为万世师表。

孟子说："得志，泽加于民；不得志，修身见于世。穷则独善其身，达则兼济天下。"意思是能实现自己的理想就多帮助些人，多做些好事；不能达到自己的理想，就把自己的品德修行好，自得其乐。稻盛先生也把它叫作"不要有感性的烦恼"，如果失败，认真总结后就不要再想了，重要的是集中精力做好后面的事，因为没有人能百战百胜，这才是真正的经营。稻盛先生曾代表KDDI参与摩托罗拉公司牵头的铱星计划，因为大家对通信市场发展趋势判断失误导致项目失败，参与的公司都损失惨重，但稻盛先生做了认真的总结和诚恳的自我批评后就不再纠结，继续投入新的工作中去。

即使尽了所有努力，但确实遇到了非常大的不可抗力导致公司倒闭，稻盛先生说那也没有什么可以后悔的，坦然接受就好。这就是孔子所说的“毋意、毋必、毋固、毋我”，认真而不较真，执着而不固执。该坚持时无论多么困难也要咬牙坚持，胜利往往来自最后一次坚持；该放弃时无论有多少诱惑也坚决放弃，要相信不破不立，留得青山在不怕没柴烧。稻盛先生说：“如果已考虑周全并竭尽全力，已经‘尽人事’了，那就行了。至于今后是否进展顺利不必想得太多。只需怀抱着成功的信心，‘听天命’就够了。”

法国哲学家、数学家、物理学家笛卡儿说：“要始终相信，除了我们自己的思想外，没有一件事情可以完全由我们做主。所以，我们对自身以外的事情尽了全力以后，凡是没有办到的，就是绝对办不到的事情。我觉得明白了这一点就可以消除痴心妄想，凡是得不到的东西就不要盼望将来弄到手，这样就安分守己、心满意足了。”

要做到这种心态确实有一定难度，王阳明讲心应如明镜，物来则照，物去则息，无论是美好还是丑陋的事物，心都只是真实地反映出它的实相，好的事物就去弘扬、去坚持，丑陋的事物就摒弃，不将不迎。只怕镜（良知）不明，不怕物来不能照。讲求事实，亦按事实而做。这既是王阳明讲的“心的光明”，也是稻盛先生所说的“作为人，何为正确”的判断标准。

“尽人事，听天命”的最高境界就是达到孟子所说的“夭寿不贰，修身以俟之”，意思是真正的智者对于自己寿命长短的态度都是一样的，重要的是在任何情况下都努力修身，依天理做事，朝闻道，夕死可矣。做好自己该做的事，心平气和地接受任何结果。孔子说：“道之将行也与，命也；道之将废也与，命也。”“**尽人事，听天命**”，只有这样的人才能顶天立地于人世间，创建人类历史的丰功伟绩。

四、稻盛和夫经营哲学和儒家思想的使命一致

哲学是研究物体本源、本质的科学，有人用研究“人的生命有何意义（使命）”来定义人类哲学，用研究“国家的存在有何意义（使命）”来定义国家哲学，那么企业经营哲学就可以定义为明确“企业生存的意义（使命）是什么”的科学。

儒家哲学定义国家存在的意义（使命），即孟子所说的“民为贵，社稷次之，君为轻”，也是唐太宗李世民所说的“为君之道，必须先存百姓”。因为儒家齐家、治国、平天下的根本目的（使命）是“大学之道，在明明德，在亲民，在止于至善”，就是通过治理好一个天下太平的国家，使老百姓过上物质丰富的生活，进而通过礼、乐教育百姓，使老百姓去除私欲，恢复上天赋予的明德。

王阳明说：“自‘格物’‘致知’至‘平天下’，只是一个‘明明德’。”意思是说：从格物致知到平天下，就是为了一件事，即“明明德”，也就是朱熹先生提出的“存天理，灭人欲”；王阳明所说的“致良知”，达到精神幸福。儒家政治

家的使命就是首先“治国、平天下”实现百姓的物质幸福，然后通过“明明德”使百姓获得精神幸福，**这是儒家政治家终生追求的至善**。所以《论语》中记载，尧曰：“咨！尔舜，天之历数在尔躬，允执其中。四海困穷，天禄永终。”意思是：儒家最尊崇的皇帝尧传帝位给舜时说，“舜！天命在你，你应该当皇帝，你应该公平处事，使百姓幸福，假如你让四海人民穷困，你的皇帝天命就终止了。”

稻盛先生的经营哲学诞生于自己的企业经营之中，也首先服务于企业经营，稻盛先生在京瓷刚成立还是街道小厂时就制定了宏大的愿景：“我们要成为原町（京瓷成立时的街区）第一，然后瞄准西京第一。成了西京第一；我们直指中京区第一；接下来是京都第一，实现了京都第一，还有日本第一；成了日本第一，定然要做世界第一。”稻盛先生一直强调企业目标一定要高远，这样才能有动力。

那么，稻盛先生做世界级企业要实现的使命（目的）是什么呢？稻盛先生在原公司时因为技术研发方针上与自己的上司产生了分歧，才从原公司辞职，和原公司 7 位志同道合的同事创建了京瓷公司，大家最初的一致想法是要出口气，要证明稻盛先生的技术是非常厉害的。所以，建立之初将京瓷的经营使命定为“让稻盛技术彰显于世”，这里面含有一定的赌气成分。但这个经营使命对其他员工没有感召力，在京瓷成立第三年时，两年前招聘的 18 名员工一起向稻盛先生提出了用血写就的最后通牒，说在京瓷他们非常辛苦但看不到未来，要求稻盛先生承诺他们每年涨多少薪水，发多少奖金，否则立刻集体辞职。这是一场非常严重的员工“哗变”危机，因为当时公司总共没有几个人，而且他们已经成为骨干，一旦集体辞职京瓷就会立刻垮掉。由于公司刚刚成立，还处于前途未卜之中，稻盛先生不能不负责任地给他们空头承诺，这是违背自己的经营哲学的。稻盛先生和他们从公司到家里谈了整整三天三夜，最后说自己虽不能给他们想要的承诺，但一定会付出比所有人都多的努力，带领大家取得成功，给大家幸福的生活，如果自己没有说到做到，欺骗了大家，他们杀了自己也心甘情愿。这 18 名员工被稻盛先生的诚意所感动，终于同意继续留下工作。

这场危机总算过去了，但此事对稻盛先生的思想冲击非常大，迫使他认真地对京瓷的使命进行了审视，经过深刻的思考，他毅然将京瓷的经营使命改成：**在追求全体员工物质和精神两方面幸福的同时，为人类社会的进步和发展做出贡献**。后来这条经营使命成了稻盛先生创办企业唯一不变的目标，后期他成立 KDDI、重整日航时，都将企业的主要经营使命定为了上面两条。

明确企业使命是企业经营中非常重要的问题，这是“企业为什么存在”这个经营哲学中的核心问题，想清楚这一点，才可以说自己的企业有了经营哲学。每个企业的经营者如果想把企业做好都需要想明白这个问题：是自己发家致富，显示自己与众不同，还是像乔布斯那样改变世界。有不同的目的就会有不同的思维方式，有不同的思维方式就会有不同的管理模式，有不同的管理模式就会有不同的企业经营结果。

建立一个企业，雇用员工，在一定意义上就是建立了一个商业王国，经营者就是负责员工及其家庭生活幸福的国王，员工就是王国的子民，稻盛先生的经营目的旗帜鲜明地将企业员工的物质和精神幸福放到了第一位，就是将自己企业子民的幸福放到了第一位！所以，无论是儒家的“平天下”，还是稻盛先生“建立世界级企业”，都不是为了自己的富贵和享受，而首先是为了国家的子民和企业的员工幸福。稻盛先生说：“公司并非是用以追求个人梦想的工具，而是不管任何时候都能为其员工提供保障的所在。”由此可以看出，**儒家哲学和稻盛先生经营哲学在“存在意义”这个最关键的问题上的回答是完全一致的，区别只是一个运用于国家一个运用于企业而已**。

稻盛先生非常推崇论述中国历史上儒家王道统治最杰出代表唐太宗政治活动的《贞观政要》，该书提到，“为君之道，必须先存百姓。若损百姓以奉其身，犹割股以啖腹，腹饱而身毙。”稻盛先生说：“也就是说，**‘站在统治国民立场上的国家领导人，最首要的，是对国民大众必须持有慈悲之心，必须珍惜和爱护国民。如果为政者不关心国民大众，甚至对其蔑视，使其受苦受难，其结果必定殃及执政者自身，不久必垮台。’**唐太宗讲的是为政之道。**这和我所讲的‘大**

义名分’是相通的。”

稻盛先生说，当他想明白京瓷的使命时，心中便豁然开朗，因为这时稻盛先生的“利他之心”经营哲学才真正确立。就像武林高手豁然打通了任督二脉一样，从此稻盛先生带领京瓷员工向超一流的世界顶级企业昂首迈进！

五、稻盛和夫经营哲学和儒家思想的修行功夫一致

大家可能会有个疑问，稻盛先生和孟子都说“利他（恻隐）之心”与生俱来，那为什么我们很多人还会损人利己呢？为什么还要终身学习、实践去掌握“利他之心”呢？

稻盛先生认为，虽然上天给了我们与生俱来的“利他之心”，但同时也给了我们“自由意志”。随着从原始人向现代人的持续进化，人类为了生存和保护自己的身体安全，自然会具备各种防卫本能，自然产生了以自己为中心、全力保护自我的欲望，也自然随着欲望展现各种行动。这种欲望人类自己如果不加限制就会愈加膨胀，欲望过头就会蒙蔽心智，使“利他之心”蒙蔽或丧失，所以西乡隆盛说“爱己是万恶之首”，对于我们来说应该是“过分爱己是万恶之首”。

稻盛先生说：“除了控制自己的欲望和地球上所有生物共存之外，人类并没有更好的路可走，总之，知足和控制欲望对人类而言是必学的功课。”稻盛先生强调企业经营最重

要的“提高心性，拓展经营”也是这个意思，就是要求大家遏制过度的“利我之心”，怀“知足之心”，恢复与生俱来的“利他之心”，这比技术和资金都重要，用“利他之心”开展经营，这样才能创造辉煌的业绩并使基业长青，否则即使偶尔成功也会很快失去。

孟子说：“有天爵者，有人爵者。仁义忠信，乐善不倦，此天爵也；公卿大夫，此人爵也。古之人修其天爵，而人爵从之。今之人修其天爵，以要人爵，既得人爵，而弃其天爵，则惑之甚者也，终亦必亡而已矣。”孟子的意思是：有天赐的爵位，有人授的爵位。仁义忠信，不厌倦地乐于行善，这是天赐的爵位；公卿大夫，这是人授的爵位。古代的人修炼自己天赐的爵位，培养发扬自己的仁义之心，水到渠成地获得人授的爵位。但当今之人修炼自己天赐的爵位，其目的在于得到人授的爵位，一旦人授的爵位到手，就忘乎所以，便抛弃了仁义忠信这些天赐的爵位。良知即被蒙蔽，只顾追求、享受荣华富贵，这可真是糊涂得很。因为丢失天赐的爵位，最终人授的爵位也会失去，自己也跟着灰飞烟灭。

孟子还说：“仁，人心也；义，人路也。舍其路而弗由，放其心而不知求，哀哉！人有鸡犬放，则知求之；有放心而不知求。学问之道无他，求其放心而已矣。”孟子的意思是“仁”“义”自在人心中，是人唯一应该走的光明之路，但人心被私欲而蒙蔽，是把他的心（良知）丢了，于是就迷路了，修身做学问唯一的目的就是将被物欲所移的“仁义之心”（良知）找回来而已。孟子说做一个伟大的人很简单：“大人者，不失其赤子之心者也。”意思是，一个伟大的人就是不丢掉老天赋予的初心（良知）的人，所以王阳明说：“我等用功，不求日增，但求日减，减一分人欲，则增一分天理，这是何等简易！何等洒脱！”意思是，学习和实践不是为求什么“新学问”，只求把蒙蔽本心（良知）的“脏东西”减去，就是去掉自己过分的物欲，恢复自己本心的良知而已，这才是做学问、做人的真谛。由此可以看出，稻盛先生和儒家在修行的路径上是一致的：**时时克己，去掉过分的物欲，恢复自我良知！**

在修行的具体功夫上，儒家和稻盛先生都提出一个核心方法——“扩充”。前面我们讲到，孟子说恻隐之心、羞恶之心、辞让之心、是非之心是人与生俱来的，是人的仁、义、礼、智的发端，但如何将它们培养成我们后天的良知呢？孟子说：“凡有四端于我者，知皆**扩而充**之矣，若火之始然，泉之始达。苟能充之，足以保四海；苟不充之，不足以事父母。”孟子的意思是：抓住自己仁、义、礼、智的萌芽，在日常的生活中专注它们，培养它们，扩充它们，这一点点仁、义、礼、智的苗头就能像星星之火，珍惜培养就可燎原，这样就可以安天下，否则连赡养父母都做不到。孟子还提到，“亲亲而仁民，仁民而爱物”，就是一个人首先要爱自己的亲人，由此扩充到身边的人，再扩充到世间万物，这就是获得仁爱的方法，就是由小扩充到大，由近扩充到远。

如何获得“利他”之心呢？稻盛先生说：“‘利他’这个词，听起来有些严肃，其实‘利他’很平常，根本不是什么了不起的事。比如，想给小孩好吃的东西，想看到妻子开心的笑容，想让辛苦的父母生活舒适等，任何行为，只要出于对周围人的关爱之心，就已经是利他了。为家人努力工作，帮助朋友，孝敬父母，**这些朴实的、小小的利他行为，久而久之，就会扩充到为社会、为国家、为世界的大范围的利他**。”也就是从为自己的亲人着想开始，到帮助世人，最后扩充到为国家、全世界做贡献。这也是孟子告知齐宣王的王天下之法：“老吾老，以及人之老；幼吾幼，以及人之幼。天下可运于掌。”从身边的小事做起，“不以善小而不为，不以恶小而为之”，一点一滴培养，坚持不懈就可以恢复自身良知，获得“利他之心”。由此可以看出，稻盛先生在此方面的想法和方法与儒家惊人地一致。

在上述基础之上稻盛先生提出了“六项精进”的具体方法，其中最重要的一条就是“持续付出不亚于任何人的努力”，这是获得良知的源头。意思就是，求良知、求真知不能只读死书，不能在榻榻米上学游泳，而要在日常生活中修炼获得，经营者就是要在自己的经营中实践、修行。就像稻盛先生通过不懈努力将京瓷建设成世界500强企业，建立KDDI挑战NTT垄断，2010年复出拯救日航一样。稻盛先生无不是在这种艰苦的社会企业实践中来磨炼自己，使自己灵魂光明。稻盛先生说：**“全身心投入工作，就没有空胡思乱想。就是说，竭尽全力，拼命工作就能磨炼人的灵魂。而磨炼灵魂，就会产生利他之心，就会萌生出好心善意，萌生出关怀他人的慈悲之心。”**

上述方法也和儒家提倡的修行方法完全一致，曾国藩曾经写过一部著名的《挺经》，其核心意思就是做学问不能只说不练，面对问题要挺身而入，在解决问题中磨炼心智，提升自己。

王阳明认为做学问、求良知只能在“事上练”，他在解释为什么致良知只能在“事上练”时说：“大抵学问功夫只要主意头脑是当。若主意头脑专以致良知为事，则凡多闻多见，莫非致良知之功。盖日用之间，见闻酬酢，虽千头万绪，莫非良知之发用流行。除却见闻酬酢，亦无良知可致矣，故只是一事……”这句话的意思是：做学问关键是要把握住头脑。如果把致良知作为学习的宗旨，那多闻多见就是学习的功夫。在日常的各种应酬中，虽千头万绪，但实际都是致良知的运用。除这些见闻、应事、待人接物以外，也没有什么致良知可运用的地方，所以只是一件事。

王阳明在龙场悟道后开始讲学，曾经有一个做县令的学生写信给他，说觉得“心学”很好，非常希望认真学习，但他是做地方基层官员的，一天到晚忙于各种琐碎繁杂的具体事务，身心疲惫，很难有清静的时间学习，很是苦恼。王阳明回信给他说，这才是修炼“心学”的最好时机，只有在这种实际工作生活中锻炼自己，提高自己的心性，学到的才是真知识，要珍惜这个好机会。当时大家都以为王阳明在唱高调，有些站着说话不腰疼的感觉，但王阳明从龙场出来后被朝廷任命的第一个职位就是在江西做一县令，而且这个县以难治理著称，政散民刁，连续几任县令任期没有结束就被气走或免职，王阳明到任后不仅快速平和了当地民众的情绪，恢复了淳厚的民风，使当地政通人和，人民过上了好日子，同时自己做学问没有任何放松，仍然坚持讲学，传道授业，培养了很多弟子。王阳明终身坚持学习、实践，从未将二者分开对待，因为他认为“知”“行”本就是一件事，如同一个硬币的两面不可分开，王阳明用自己的行为做了最好的示范。

《中庸》提到，“博学之，审问之，慎思之，明辨之，笃行之”，最终所有的学问都要落实在“**笃行之**”，就是要落实在自己的一言一行中，落实在自己的社会实践活动中，要通过社会实践的检验和磨炼，只有这样才能获得真正的知识，才能找回自己失去的良知。

佛教也强调“精进”，过去很多大德高僧都以面壁、砍柴、挑水、苦行等磨炼自己的心灵，这是儒家和佛教相通的一方面。但佛教主要强调自身的修行，因为佛教毕竟是出世的学问，是以“四大皆空，六根清净”为基础进行修行的。所以佛教有一个很有名的故事：一个小和尚问自己的师父得道前后有什么不同，这位大师说：“得道前，砍柴挑水；得道后，砍柴挑水。”

儒家是主张入世修行的，子夏说：“仕而优则学，学而优则仕。”孟子说：“得志，泽加于民；不得志，修身现于世。穷则独善其身，达则兼善天下。”自己学到一定知识后如果有机会一定要造福百姓，在社会中锻炼，为社会尽责并实现自己的价值。真正要治理好一方百姓要面临各式各样的人和事的冲突，曾国藩说为政首先要“耐得住麻烦”。绝不能追求“四大皆空，六根清净”，而应该是“家事、国事、天下事，事事关心”。在事上磨炼自己，使自己的灵魂得到净化，恢复上天赋予的良知。

儒家和佛教都强调修身养性，但是差别很大。以静坐为例，佛教的坐禅养生是放空自己，什么都不想，而儒家强调自我反省，在静养时检讨自己的行为，给自己纠错。曾子说，“吾日三省吾身”，王阳明认为，“省察是有事时存养，存养是无事时省察”。稻盛先生在六项精进中也同样强调每天要抽出一点时间反省自己的行为：“今天有没有让人感到不快的行为？待人是否亲切？是否傲慢？有没有卑怯的举止？有没有自私的言行？”稻盛先生认为这是自我提升的必要手段，可以看出，稻盛先生的反省实际上就是儒家的自我纠错。

虽然佛教和儒家在很多理念上相同，但修行方式和目的存在着根本的不同，这种修行方式和目的的“毫厘之差，千里之谬”也是王阳明最终放弃佛教、归宗儒家的重要原因之一。

王阳明在比较别人认为非常困难的剿匪和自我修行、恢复良知孰难孰易时说，“破山中贼易，破心中贼难”，即认为求良知难于剿匪。稻盛先生也说修行是终身之事，必须每天反省，时时反省，是一场没有终点的马拉松比赛，其中最重要的方法就是坚持他所提出的“六项精进”，我们在后文还会对此进行详细讨论。

虽然稻盛先生思想的形成主要是受到佛教和儒家文化的影响，儒家和佛教很多理念也相近，但我认为他的经营哲学修行方法还是和儒家的入世修行更为贴近，“京瓷哲学”包含的 78 条都是非常现实的济世之道，只是“京瓷哲学”偏向企业经营，而儒家的入世修行是从政治国而已。

稻盛先生经营哲学的思想核心、使命及修行功夫无不和儒家思想极度贴合，我们可以有充分的理由认定稻盛先生经营哲学的思想包含了儒家思想的精髓。

第二章

稻盛和夫的儒家思想从何而来

一、稻盛和夫是否系统学习过儒家文化

从我了解到的稻盛先生的生平来看，稻盛先生没有系统地学习过儒家经典理论，比如四书五经、《传习录》等，而且稻盛先生对儒家“中庸”思想的理解也有些偏差。稻盛先生曾经当面对稻盛和夫（北京）顾问管理公司董事长曹岫云先生说，没有读过王阳明的《传习录》，也没有研究过王阳明的“心学”。

我认为这可能有以下两个原因：①儒家经典若要系统学习需要很好的古文基础，如读白话文本需要找到很好的注释版本，再加上中日两种语言之间的障碍，好的日本白话文翻译版本更加难得。稻盛先生初高中接受的是传统日式教育，没有经过中国古文的基础培养，大学学的是工科，所以稻盛先生在中国古文这方面的基础应该不太好，根据曹岫云先生的描述，日本关于《传习录》等儒家著作的日文版本翻译得并不好，读起来很困难。②儒家理论书籍博大精深、浩如烟海，儒家最经典的四书五经、《传习录》等也数量巨大，若

要系统学习需要大量的时间。稻盛先生从 23 岁工作到 65 岁退休，78 岁到 81 岁重出江湖担任日航董事长，重建日航，在这 45 年工作期间白手起家打造了京瓷和 KDDI 两家世界 500 强企业，重建了日航这个日本央企中的世界 500 强，并于 1983 年开办了义务培训管理机构“盛和塾”，1985 年开始每年组织和颁发京都奖。稻盛先生亲身实践了自己提出的在工作上“持续付出不亚于任何人的努力”，每年奔波于全球各地，达到废寝忘食的境界。如果再要求稻盛先生拿出大段时间去学习理论知识，确实强人所难，可能也是舍本逐末。

二、稻盛和夫儒家思想的来源

没有系统学习过儒家经典理论，那么稻盛先生的儒家思想从何而来？儒家认为人获得知识的途径有三种，《中庸》上说："或生而知之；或学而知之；或困而知之，及其知之，一也。"意思是一个人获得知识的渠道有三种：或者是生下来就知道；或者是通过学习而知道；或者是在困苦中需要突破而摸索知道，但知道以后效果是一样的。我认为稻盛先生的儒家思想主要是来自生而知之和困而知之，这也是历史上的伟人获得知识最主要的方式。当然，稻盛先生也是终身学习的典范，他虽然没有系统学习过儒家理论，但他每天都会在繁忙的工作中挤出一点时间来阅读中国儒家及佛教等哲学书籍，这对他树立儒家思想同样功不可没。

伟人或哲人和普通人最大的区别就是悟性，"悟"从字面上理解就是本心的意思，对于知识的获得，外界只是点拨，答案已在本心，这就是生而知之。为什么我们经常遇到很多学生被同一个老师教，学习着同样的书本，努力程度也差不多，但最后学生的水平和成就却有天壤之别的情况？为什么王阳明在十一二岁已经立志当圣人，并能写出“山近月远觉月小，便道此山大于月。若有人眼大如天，当见山高月更阔”这样有哲学思想的诗？为什么稻盛先生在刚开始经营京瓷时，听松下幸之助先生的演讲，就能犹如电击般地一下听懂松下先生的“水库式经营精髓”，从而踏上了高收益企业经营之路，而旁边几百名听众只是觉得松下先生在说空话？因为《吕氏春秋》上说：“人同类而智殊。”

像孔子、孟子、释迦牟尼等举世公认的先知之所以在2000多年前就能将人世间的大道指于众人，是因为这些伟人生来就承担着引领众生的责任。《论语》上说：“仪封人请见，曰：‘君子之至于斯也，吾未尝不得见也。’从者见之。出曰：‘二三子何患于丧乎？天下之无道也久矣，天将以夫子为木铎。’”说的是孔子师徒颠沛流离到卫国的时候，仪这个地方的长官通过孔子的弟子见到孔子，见完以后，这位长官对孔子的弟子们说：“你们这些人怕丧失什么呀！天下无道很久了，上天正要你们的老师来做导师啊！”

稻盛先生认为，“所有的人都由上苍赋予了任务，都在出演各自的角色，从这个意义上讲，每个人的‘存在’都有同样的分量。万事万物，不仅是人类，包括生物，一草一木，甚至是路边的石块，都有造物主赋予的作用，都是基于宇宙的意志而存在。”

辅佐商汤建立商朝的最大功臣，也是中国最有名的宰相之一——伊尹说：“天之生此民也，使先知觉后知，使先觉觉后觉也。”意思是说：上天生育百姓，就是要让先知先觉者来使后知后觉者有所觉悟，指引他们前进。我认为稻盛先生不仅扮演了一名杰出企业家的角色，还承担了将儒家思想这个对东亚各国影响巨大、深远的思想引向现代企业管理领域的历史使命，所以稻盛先生虽然未系统学习儒家理论知识，却能有很高的悟性去准确掌握儒家思想的精髓，能将之应用于现代企业管理并对其发展突破。我国国学和哲学大师季羡林评价稻盛先生时说：“既是企业家又是哲学家，一身而二任的人，简直如凤毛麟角，有之自稻盛和夫先生始。”

困而知之也是成就伟大人物的必由之路，人在危难之中希望能尽快摆脱危机，于是极力抓住任何能帮助自己脱困的东西，这时人的心态是最开放的，对知识的吸收、思考能力是最强的。稻盛先生早年多受困厄挫折：12 岁得了当时的不治之症肺结核，差一点夭折，其间，家庭又经历了第二次世界大战的战火侵袭，家业毁于美军轰炸而被迫流离失所，他几次差点因为家境贫寒辍学，小学时因为没有认识到学习的重要性，不好好学习，没有考上初中，在老师的极力劝说和争取下又参加了第二次中考，但仍然没有考上，在老师的努力说服下，父母同意让他再考一次当地的私立中学，他总算上了初中，否则稻盛先生只能以小学毕业的低学历踏入社会了。中学他帮助家里卖纸盒维持生计，后期考高中、大学都不顺利，没有考到自己理想的学校和专业，只考上了鹿儿岛的本地大学，原本想学医却进了有机化学系。

大学毕业后找不到工作，稻盛先生差点意气用事进入黑社会，最后虽然在老师的帮助下进入京都的松风工业陶瓷工厂，但工厂的经营朝不保夕，随时面临倒闭风险，后经过自己的努力为公司发明出支柱性产品却不被新上司认可，于是毅然辞职。在自己没有什么积蓄的情况下，他与七位志同道合的原同事借朋友的钱开创京瓷公司，其中稻盛先生人生中最大的贵人之一西枝一江先生，甚至将自己唯一的住房抵押给银行贷款支持他。京瓷刚开始时产品和客户都很单一，只生产一种产品，客户也仅有松下一家，时刻面临着破产倒闭的风险。从上述经历可以看出，稻盛先生的青少年时代一直处于极大的生活和经营危机之下。尤其是作为京瓷的经营者时时刻刻都要对京瓷的发展做出判断，为京瓷的前途负责，稍有不慎可能就会使公司倒闭，支持他的朋友还会流离失所。但除西枝先生偶尔能给他一些经营指导外身边再无可以依靠的人。

人在面临极端危机的时候，往往会依靠自己最原始、最可靠的力量，这就是为什么很多人在紧张时会突然说出很久没有说的家乡话口音，基本上所有人在突然受到惊吓或打击时都会不自觉地叫“妈妈”，因为这些是人们内心深处觉得最可靠的依靠。稻盛先生说：“所以在反复痛苦中想起了小时候，学校老师和父母教给自己那些最平常的、原始的伦理，比如‘莫贪心’‘莫欺骗’‘莫说谎’‘要诚实’等，并把以‘作为人，何为正确’为出发点的最稀松平常的伦理观，作为判断一切事物的准绳。”从而悟到自己以“利他之心”为本的经营哲学，也就是儒家思想核心的“良知”自在我心，不必外求，窥到了儒家思想的精义。

老子说大道至简，往往最伟大的道理蕴含在最平常的话语和行动中。2006年，步步高的创始人段永平以62万美元成功中标巴菲特午餐，他带上当时还在谷歌上班的黄峥一起参加了午餐。参加完巴菲特午餐的隔年，黄峥就回国创业。2015年，他创立了拼多多，2018年，拼多多在美国上市，上市之初市值240亿美元。2020年6月，拼多多的市值触到了千亿美元门槛。这个过程不到两年。后来黄峥在回忆巴菲特的午餐时说，巴菲特讲的东西其实特别简单，是我妈妈都能听懂的道理。**这顿饭对我的意义是让我意识到简单和常识的力量。**

稻盛先生经营哲学的产生过程与王阳明“心学”的产生过程极为相似：王阳明因直言上谏得罪太监刘瑾而遭受“庭杖”这一屈辱刑罚，后被贬到远离人烟的贵州龙场，路上颠沛流离，刘瑾又派杀手追杀，他几次差点丧命。历经艰险到达龙场后生活条件极其困苦，除自己和两个仆人外居住的都是苗人，语言不通，无任何良师益友。周围瘴气丛生，野兽出没，居无定所，时刻都有生命危险。就在这种非常孤苦困顿的恶劣环境下，王阳明在苦苦思索中突然将自己向外追求儒家真理的方法，转向向内从自己的内心寻求答案，终于悟出了“心即理”的心学精髓，领悟到了所有追求的“道”都是“无须外求，吾心自足”的儒学真谛，完成了他的“心学”中最关键的龙场悟道。

稻盛先生和王阳明的经历印证了孟子著名的圣人成功的基本定律：“故天将降大任于斯人也，必先苦其心志，劳其筋骨，饿其体肤，空乏其身，行拂乱其所为，所以动心忍性，曾益其所不能。”

我们前文提到稻盛先生虽然没有系统地学习过儒家的经典理论，但稻盛先生一生都在坚持学习，他是我们推崇的终身学习的典范。即使在退休前繁忙的工作中，稻盛先生不管多晚回到宾馆、家里或在出差途中都在坚持学习哲学，学习的内容主要是佛教和中国儒家文化。稻盛先生虽然没有系统学过但应该读过《论语》《孟子》《呻吟语》《了凡四训》《贞观政要》等儒家经典书籍，稻盛先生在讲解他的经营哲学时，经常用这些书籍里的一些经典语句和事例去说明自己的经营哲学。这些学习对稻盛先生建立具有儒家观念的经营哲学起了很大作用。

另外，我认为稻盛先生的良师益友，对他建立具有儒家观念的经营哲学思想同样起到很大作用，因为言传身教的影响更直接、更形象，这也是儒家学习非常强调良师益友的原因，曾国藩甚至说过：“学习进步之道，唯有读书和交友。”在稻盛先生的良师益友（稻盛先生称他们为自己的贵人）中我列举最主要的两个人来说明他们对稻盛先生儒家思想的建立起到的巨大作用。

首先一位就是我们前面提到的西乡隆盛。西乡先生是稻盛先生鹿儿岛的前辈，是明治维新的主要奠基者之一，是鹿儿岛人的英雄和骄傲。稻盛先生从小就崇拜西乡先生，以西乡先生为人生榜样，将西乡先生作为他的精神楷模。稻盛先生说："西乡南洲的教诲是心灵的明灯，是我的心灵食粮。"他将西乡先生的人生信条"敬天爱人"作为自己的座右铭和京瓷公司的社训。

西乡先生从小就学习儒家文化，在两次被流放孤岛时更是系统地学习了儒家文化，尤其是王阳明的"心学"，西乡先生被儒家思想所折服，使之成为自己的思想指南且身体力行，并以此为指导，在明治维新中建立了丰功伟绩。西乡先生一生还致力于教育事业，着力在日本推广儒家思想，后人根据他的语录总结编写了《南洲翁遗训》(西乡先生号南洲翁)，传播他的思想，这可以说是将儒家思想用西乡先生的语言进行翻译并在日本进行传播。稻盛先生认真学习了《南洲翁遗训》，其中很多思想成为他经营哲学思想的源头，尤其是核心的"利他"思想。

稻盛先生在他最著名的"活法"系列丛书《人生的王道》中将《南洲翁遗训》的精华做了收录并进行解释宣讲。稻盛先生说："西乡隆盛的这本遗训集充分体现了他的哲学思想，对我本人也产生了极其深刻的影响。"稻盛先生经常引用其中的"不惜命、不图名，亦不为官位、钱财之人，困于对也。然无困于对者共患难，国家大业不得成也"。西乡先生说的是要成就国家大业就必须不怕死，不贪图名誉，也不为官位钱财所累。稻盛先生用它来说明什么是“利他之心”。而西乡先生这段话其实是自己对孟子著名的“居天下之广居，立天下之正位，行天下之大道。得志与民由之，不得志独行其道。富贵不能淫，贫贱不能移，威武不能屈”的理解和注释。由此可见，西乡先生应该是稻盛先生在儒家思想上直接的引路人。

另一位对稻盛先生儒家思想建立影响巨大的就是他的创业恩人西枝一江先生。稻盛先生成立京瓷公司时没有什么储蓄，经西枝先生的同学青山政次先生引荐认识西枝先生，两人素昧平生而且年龄悬殊，西枝先生大稻盛先生 20 多岁。但西枝先生被稻盛先生的人格魅力和创业热情所打动，决定支持稻盛先生创业。西枝先生和自己的朋友、上司给稻盛先生筹措资金后仍然缺口很大，西枝先生就将自己唯一的住房抵押给银行，贷款 1000 万日元支持稻盛先生创业，这样京瓷公司才得以诞生。在京瓷刚开始的几年里，西枝先生又成为稻盛先生经营方面的老师，对稻盛先生和京瓷的成长发展起到至关重要的作用。稻盛先生评价西枝先生时说：“西枝一江先生是一手扶植起我们公司的大恩人，也是京瓷创业精神的源头。”

西枝先生笃信佛教，对稻盛先生佛教信仰的建立起了非常大的作用，在实际行动中，西枝先生对稻盛先生儒家思想的建立也起了很大作用。为了建立京瓷，西枝先生将他唯一的住宅抵押给银行才获得贷款，应该说他是京瓷成败最大的风险承担者，是最希望京瓷能够赚钱的人。但他教给稻盛先生经营的第一课竟是“不要让金钱左右你的决定”，这不就是儒家的核心思想“不为物欲所移”吗？这也是稻盛先生“利他哲学”的判断标准是“善恶”而不是“利害”的源头——善莫大焉。另外，当时西枝先生工作的公司宫本电机也给京瓷投了资，但西枝先生坚持不让京瓷成为宫本电机的子公司，为京瓷后续独立扩大发展奠定了关键的基础，其原因竟是他觉得京瓷的失败率远大于成功率，如果京瓷是宫本电机的子公司，破产就会拖累宫本电机公司，这样他就对不起宫本电机公司，所以宁肯自己承担流离失所的损失也不让宫本电机公司承担风险，这是何等的勇气和责任担当啊！

《中庸》上说：“知、仁、勇三者，天下之达德也，所以行之者一也。”“勇”是儒家最推崇的三达德之一，也是儒家最看重之德。曾国藩的家训中有一条，“男儿以懦弱无刚为耻”，这是他教导后辈最重要的人生哲学之一，也是他终身实践的重要人生哲学之一。稻盛先生后来无论是创建KDDI，还是重整日航，都表现出了铁肩担道义的超人勇气，充分体现了儒家提倡的“苟利国家生死以，岂因祸福避趋之”的非凡责任感，这和西枝先生对他的影响有着非常大的关系。可以说西枝先生是身体力行地为稻盛先生示范了儒家最推崇的“仁”和“勇”，责任和担当，从而成为稻盛先生儒家思想建立的奠基者之一。

三、探讨稻盛和夫经营哲学和儒家思想的关系有什么意义

我们在前面花了很大篇幅对稻盛先生的经营哲学和儒家思想的关系进行了探讨，得出了稻盛先生的经营哲学主要来自儒家思想，其中包含了儒家思想的精髓，这有什么意义呢？人类几千年文明史，诞生了希腊哲学、基督教、伊斯兰教、佛教、儒家思想、道教等对人类影响巨大的思想体系，指引着人类社会的前进。全球大众因为地域或教育等原因，受到其中一种或多种思想的主要影响，指导自己的行为，而大家在实践这些思想中又对其进行突破、改造、深化，人类社会的进化史就是在理论与实践不断相互作用中前进的。

俗话说“一方水土养一方人”，思想领域也是这样，诞生于哪种思想基础上的管理理论，一定会被原来信仰这种思想的人更容易接受和实践。日本明治维新之所以成功，很大原因是坚持了福泽谕吉提出的“和魂洋才”的基本方针，即在思想体系上坚持日本原有的“崇尚国家的荣誉与儒家忠

君、诚信与自我约束的道德概念”，而只在技术上学习西洋的先进科学，使日本大和民族优秀的精神得以保留，并在此基础上搭建起现代科学文明，从而取得了很好的效果。现代企业管理大师德鲁克也赞叹：“日本是将本国文化和西方管理思想结合得最好的国家，形成了自己独特的企业管理体系。”

在将传统文化成功应用于现代化企业管理方面，我国企业也不乏成功案例，就如目前在资本投资领域非常成功的高瓴资本和我国台湾地区的高科技龙头企业宏碁，其经营哲学都来自我国传统文化。高瓴资本的创始人张磊先生说：“虽然现代金融投资工具和方法大多来源于西方，但要使用好这些工具，我还是更推崇我们优秀的中国哲学思想和传统民族文化。我们要有充分的文化自信，好好汲取营养。”高瓴资本的三个投资哲学——“守正出奇”“弱水三千，只取一瓢”“桃李不言，下自成蹊”全部来自我国优秀的古代哲学思想，高瓴资本正是以此思想为基础缔造了全球最成功的资本帝国。而宏碁创始人施振荣老先生在总结他成功的经营之道时说：“我的思想，就是中国的儒家思想和民间智慧，主要来自我的母亲。”

儒家思想是中国最主流的思想，几千年来中国能够在多次分裂、外族入侵等情况下最终实现统一，维持强大的主权国家，主要原因是儒家文化起到核心凝聚作用，因为一个国家统一的基础是大家思想上的互相认同。中国人的思维方式、行为习惯受到儒家思想潜移默化的影响，中国大多数人的世界观、人生观、价值观的基础是儒家文化，“天行健，君子以自强不息；地势坤，君子以厚德载物”“己所不欲，勿施于人”“己欲立而立人，己欲达而达人”“君子好财，取之有道”“孝为百善之首”“有恒产者有恒心，无恒产者无恒心”“不患寡而患不均，不患贫而患不安”“道不同，不相为谋”“凡事预则立，不预则废”“言而无信，不知其可”等儒家思想深入人心，“朽木不可雕也，粪土之墙不可污也”“人无远虑，必有近忧”“人之将死，其言也善”“窈窕淑女，君子好逑”“生死有命，富贵在天”“是可忍，孰不可忍”“四海之内皆兄弟”“守望相助”“生于忧患，死于安乐”等出自儒家经典的口头语俯拾即是。

德国哲学家黑格尔虽然认为孔子不是一位哲学家，他认为，“孔子只是一个实际的世间智者”，孔子说的“是一些善良的、老练的道德教训”，但他也承认“**孔子的哲学就是国家哲学，构成中国人教育、文化和实践的基础**”。华与华咨询公司创始人华衫老师说：“无论你是否熟读《论语》，只要是中国人，就浸泡在中国传统思想里面，心地善良的，自然走向儒家；心狠手辣的，就走向法家。这是中国两种人格的原型。“四书”是中国人的原型——社会的原型、思想的原型、智慧的原型，也是批评人的各种毛病的原型，这是中国人的基因库，我们能从中看到自己。”儒家思想在中国正所谓：“仁者见之谓之仁，知者见之谓之知，百姓日用而不知。”

稻盛先生经营哲学的核心思想和儒家思想的精髓相同，所以稻盛先生的经营哲学及其经营学，是很适合我们中国人学习和实践的企业经营管理理论。从历史上看，儒家思想是中国王朝最主要的治国准则，为中国农耕时代璀璨的文明建立了基础。

稻盛先生从事了近半个世纪的现代企业管理，在制造、通信运营、航空运营三个独立领域，建立或改造了企业，使它们进入世界 500 强，成功地在全球多个国家开拓了市场，产品覆盖 B2B 和 B2C 两个市场，所以稻盛先生不仅成功地将儒家思想引入现代企业管理，还将儒家思想这个“道”在企业管理领域进行了突破和发展。更难得的是稻盛先生根据自己多年的经营管理实践，提出了“经营十二条”“阿米巴经营”等管理方案，从另一方面补充了儒家思想在企业管理方面缺失的“术”，使儒家理论在经济管理方面“道”“术”兼俱，可以说是儒家思想在经济领域的重大突破。

稻盛先生在总结日航及自己事业成功的秘诀时说：“**日航成功的秘诀，无非就是东方圣贤们所倡导的正确的为人之道。自古以来，中国人就一直真挚地追求这种为人之道，追求做人应有的姿态。在中国古代的典籍中有许多这样的智慧，这种智慧感化了芸芸众生。**”

第三章

稻盛和夫经营学对儒家思想的发展与突破

从前面的分析来看，稻盛先生的经营哲学吸收了儒家“仁”“义”“致良知”“敬天爱人”等核心思想。稻盛先生和王阳明一样，在吸收和借鉴儒家思想精髓的同时，在企业经营管理中深入应用这些思想，并在实践中大幅度地突破和创新，像王阳明 500 年前在军事领域一样，稻盛先生在波澜壮阔的全球经济领域取得了辉煌成绩，成功地改变了一些人对儒家思想只能自身修行、搞政治、做教育的片面理解，这必将大大推动儒家思想在经济领域的研究和运用，从而诞生一批世界级卓越企业。

一、稻盛和夫对儒家文化推广的促进作用

稻盛先生的经营哲学诞生于他的经营实践之中，目的是给他的员工（京瓷刚成立时的员工大多是没有高学历的中学生）讲明白并使他们在工作、生活中得以运用，所以**他的哲学就具备了曹岫云先生所说的简朴性：“稻盛哲学没有任何难懂的哲学术语，它深入浅出，却又有感动和召唤人心的力量。”**此外，稻盛先生用来说明他哲学的案例都是他本人、松下幸之助、本田宗一郎等日本现代商业史上成功者的经历，或盛和塾一些学生经营中遇到的具体问题，大多是稻盛先生的亲身经历，或者是耳濡目染的事件，故而非常有说服力。这些活生生的案例与日常经营和生活结合紧密，很多是企业经营者天天面对的问题，有些还是我们百思不得其解的问题，所以学习和理解稻盛先生的哲学要容易和有趣得多，而且易于在经营、生活中实践，取得效果后人们又会有更大的热情学习。

此外，稻盛先生在经济领域取得了辉煌成就。榜样的力

量是无穷的，全球形成了一股“稻盛热”，使更多的人学习稻盛先生的经营哲学。稻盛先生经营哲学的核心思想和儒家文化的精髓本质是一致的，而且稻盛先生在很多演讲和著作中，更是直接引用儒家经典语句对他的经营哲学进行阐述，所以稻盛先生经营哲学在当前社会引起的学习热潮。从另一个角度上可以说是儒家思想文化的一次以大家更容易接受的形式的普及和推广，使更多人能够理解并掌握儒家文化的核心思想和精髓。

二、儒家思想在现代商业领域的局限性

任何理论知识都有它的历史局限性，都应该不断发展和突破。应该承认儒家思想在经济领域相对薄弱，我认为主要有两个原因。

第一个原因是，儒家文化诞生的目的是教化大众，使人心中重新拥有“恻隐（利他）”等因为过度利己而被蒙蔽的美好心性，所以《大学》开篇就讲“大学之道，在明明德，在亲民，在止于至善”，就是说儒家修行的目的首先是恢复自己的良知，然后使大家良知光明，并为此终身持续努力，可见儒家文化的重点领域是教育和政治。儒家的开山鼻祖孔子和孟子在经济方面都谈得不多。“子罕言利与命与仁”（《论语》），说的就是孔子很少谈到利益方面的事。孟子第一次见梁惠王时，梁惠王问他怎样能给国家带来利益，孟子直截了当地回答：“王何必曰利？苟为后义而先利，不夺不餍。亦有仁义而已矣……未有仁而遗其亲者也，未有义而后其君者也。”孟子的意思是说，你单独去追逐利益是不可以的，先

要和人民一起有仁义之心才能追求利益，这样得来的利益才是稳固的，否则必将国破人亡。这就像稻盛先生一直强调的，学习阿米巴经营学之前，一定要先掌握并实践他的“利他之心”的经营哲学，否则必定失败一样。而孔子、孟子处于“礼崩乐坏”的春秋战国时代，国家四分五裂，诸侯混战，大多数人都以争权夺利为第一目标，所以恢复国家秩序和政治清明，恢复人心的善良是当时最紧要的事，然后才能谈得上经济建设。宋朝大儒程颐说：“君子未尝不欲利，但专以利为心则有害，惟仁义则不求利而未尝不利也，当是之时，天下之人惟利是求，而不复知有仁义。故孟子言仁义而不言利，所以拔本塞源而救其弊，此圣贤之心也。”意思是：君子未尝不想得到利益，但只为追求利益而行动，眼里只有利益，那得到的利益也会很快失去，反而会伤害自己。而心怀仁义之人，虽然不追求利益，却能无往不利取得大的成功。而在当时，人们都利欲熏心，只为争名夺利，所以孟子只讲仁义，不谈利益，拔本塞源，这正是圣人之心。但孔子、孟子付出了毕生努力也未能如愿，没有达到他们治国、平天下的愿望，所以儒家最经典的四书五经在商业经济这方面涉及较少。

第二个原因是，中国古代是“农耕社会”，商业经济不发达。虽然儒家也认为“君子爱财，取之有道”，但儒家在经济方面的一些论述大多是基于农业方面的。在这种历史背景下，儒家理论在商业经济方面自然就存在很大缺失。

三、稻盛和夫经营学对儒家思想“道”的发展和突破

稻盛先生的经营哲学不仅吸收和借鉴了儒家核心思想，而且在此基础上对传统儒家思想在商业领域中进行了完善和突破。

稻盛先生对儒家思想“道”的贡献，是将儒家思想的核心使命在商业领域理论进行了延伸。我们前文说儒家思想的目的是：齐家、治国、平天下。然后通过政治、教育使百姓恢复良知，达到一个四海升平、百姓安康的大同世界。孟子明确地提出一个国家是“民为贵，社稷次之，君为轻。是故得乎丘民而为天子”的理念，即老百姓的幸福是建立国家所要达成的第一目的，得民心者才能得天下。

企业家建立一个企业从某方面来看是建立了一个“商业王国”，建立这个“商业王国”的使命是什么呢？稻盛先生认为，企业的使命是“在追求全体员工物质和精神两方面幸福的同时，为人类社会的进步和发展做出贡献”。对于“员

工物质和精神两方面幸福”，稻盛先生的具体定义是：“经济的宽裕和收入的稳定。同时，通过工作实现自我，从中感受到人生的意义和劳动的价值，从而获得精神上的幸福。”这样就将儒家建国“民为贵”“明明德”“四海升平、百姓安康的大同世界”的国家使命成功翻译成现代企业使命。

目前社会上的经营者在企业使命这个问题上的答案非常多，最多的是像稻盛先生刚成立京瓷时的目的——“为稻盛的技术彰显于世界”一样，其实就是实现经营者个人的某个目的，其中大多是希望获得自己物质上的满足，功成名就；也有的希望回报社会，解决社会的某个问题；还有像乔布斯、马斯克那样的技术天才，希望通过提升人类的科技水平去改变世界，为社会造福。

像稻盛先生一样提出把员工的物质和精神两方面幸福作为企业第一使命的企业家可能不多，这看起来也不是很“高大上”，尤其是当稻盛先生重整日航时大家对这个目标非议更多，因为当时很多人认为日航已经倒闭，是靠国家贷款才勉强维持的，当前最紧要的是想办法还清国家贷款，日航员工还没有资格谈自己的物质和精神幸福。但是**稻盛先生坚持认为员工在企业里是第一位的，创办和发展企业的第一目的是企业员工的物质和精神幸福，然后才是其他目的，一个企业只有员工感到幸福，企业才有生存和发展的意义，也才能发展好。**

这也很好地回答了当前争论很大的一个社会问题：企业

是否要保留 35 岁以上，体力开始下降的员工？这个问题稻盛先生的答案一定是非常确定的，那就是：**一定要保留，而且不仅保留，还要保证员工的物质和精神幸福**。因为稻盛先生明确地说：**“企业存在并不是为了实现经营者个人的愿望和欲望，而是为了保证员工们现在和将来的生活。”**

在京瓷已经很成功的时候，稻盛先生也已经积累很多个人财富，但他仍然没有任何松懈地拼命工作，外界很多人包括一些亲戚朋友都对他非常不理解，有人甚至认为他是个贪得无厌的家伙，大家常常问他为什么这样玩命工作，不休息享受一下。稻盛先生真心地说：“驱使我想要提升公司业绩的原动力只有一个，就是希望员工在未来的日子里，永远生活安定、永远幸福。为了打好这个基础，就要提升销售额，确保利润。”

即使对于有些能力不足的员工，稻盛先生仍然不离不弃，他说：“人的能力各不相同。有的员工很能干，有的员工则不然。但是，**只要员工积极向上，勤奋工作，不管他对企业的贡献有多大，都应该一样重视和关爱他**。找出适合他发挥长处的领域，把他安排到合适的岗位上，以便他做出更大的贡献。这也是领导者需要考虑的。”我们通过这段话可以清楚地感受到稻盛先生对员工深深的爱，就像《大学》中说的一样，官员要对被管理的子民怀有“如保赤子”的心，这就是稻盛先生具有卓越领导力的根源。

大家不要以为这样做经营者就是纯付出，很辛苦，得不偿失。稻盛先生说："正因为经营者忘我献身的精神，才让众多的员工对现在和将来的生活充满希望，他们才会信赖经营者，尊敬经营者。**用金钱无法衡量的员工的幸福以及他们的感谢之情，才是经营者期望获得的最高报偿。**"这就是我们平时说的：赠人玫瑰，手留余香。经营者在这种用大爱精神付出的企业经营中，不仅得到了事业的发展，而且使自己的人生获得了圆满和升华。

在此方面，卓越的企业有很大的相通性，即便在我们认为最缺少人情味的美国，洛克菲勒在创建和领导标准石油公司时也采取了相同的员工政策，他说："雇主就是员工的守护神，员工的问题就是我的问题，我握有选择权，我可以选择忽略他们的需求，也可以选择满足他们的需求，但我喜欢选择后者。我总是试图了解员工需要什么，接着就想办法满足他们的需求。我不断询问他们两个问题："'你需要什么'和'我可以帮上什么忙'，我随时都在旁边关心他们，对于我来说，这个职务最大的乐趣之一，就是我能为员工提供一臂之力。**我不但发给他们比任何一家石油公司都要高的薪金，还要让他们享受退休金制度，这能保证他们老有所依。**"洛克菲勒总结这是他领导的标准石油公司之所以能成为全球最成功企业的最重要的原因之一。

稻盛先生认为一个企业发展得越好，带来的企业规模也越大，雇用的员工越多，交税也越多，就是为社会做贡献。企业的稳定发展是对社会最大的贡献。这也是儒家坚持不管谁当皇帝都要将“民为贵”放到第一位的思想，只有这样才是好皇帝，反过来说，只有民富才能国强。

《大学》上说：“物有本末，事有终始。知所先后，则近道矣。”意思是：一件事情能明白什么是根本，什么是末梢，什么是结果，什么是开始，就基本得“道”，差不多可以成功了。我们大多数人、大多数事情失败的根本原因是本末倒置，甚至舍本逐末、南辕北辙。稻盛先生对企业使命的定义可以说是拨云见日，为“为什么创建企业”这个企业终极话题给出了一个明确答案，也为“怎样建立一个好的企业”找出了答案。

另外，稻盛先生对商人所取得的利润的正义性进行了确认，使商人的社会地位有了很大提升。因为日本历史上也是“农耕国家”，并且受中国儒家文化影响，对商人存在着一定的轻视心态，有些人甚至认为商人通过商业流通赚取差价是“不劳而获”，是不道德的。中国社会就有“奸商”这样的贬称，很多人认为：商人都靠欺诈获取利益，商人多是富而不仁所以富而不贵，商人自身也有很大的自卑感。

稻盛先生在他的经营哲学中明确提出：“光明正大地追求利润，企业如果没有利润就无法生存。追求利润不是可耻的事，也不违背做人原则。”他认为“在自由经济的市场环境中，由竞争结果决定的价格就是合理的价格，**以这个价格堂堂正正地做生意所赚得的利润，就是正当的利润。高收益是企业经营者的勋章**”。他还引用日本江户时代心学大师石田梅岩的话："获利本为商贾之道，商人买卖之所得利，与武士之俸禄同。"将商人获利同日本社会地位崇高的"武士"俸禄比喻成一样来说明其正义性，是同样要受到社会尊重的，这就如同将中国商人的地位，提高到中国古代社会里地位很高的"士"的地位。孔子讲"名不正则言不顺，言不顺则事不成"，做事只有名正言顺才能成功。

稻盛先生不仅认为企业赚取利润正确，而且强调需要赢得高利润，这样才能保证企业和员工的幸福生活。对于企业经营高收益的目标也有明确的要求，他认为一个企业经营者通过正当的经营，至少要让自己的企业获得 10% 以上的税前净利润率才算基本合格。

在重整日航时稻盛先生发现致使日航倒闭的一个重要原因就是从日航经营层到普通员工都有一个错误的认识：日航作为日本国企，其主要的责任是担负起日本航空运输的重任，最重要的是不要出安全事故，保证旅客和货物的安全运输，而是否盈利并不重要。并且，日航员工的盈利意识非常差，连基本的经营核算都做不好，没有人能说清楚哪条航线盈利，哪条航线亏损，对于亏损更是只在外部找原因，大多归结于航空淡季、经济下滑等不可控因素，认为亏损理所应当，对于自身的原因无人追究。

所以稻盛先生到日航后，首先花大力气纠正了这个严重的错误，明确说明保证航空安全和企业盈利绝不冲突，这也是日航作为一个企业必须做到的，否则没有理由存在。虽然全球航空业平均利润率只有 5%，但稻盛先生坚持将日航的利润率定为 10%。并且通过不断的艰苦教育，稻盛先生使这个目标在全体日航员工中达成共识，从根本上扭转了日航员工的经营意识，使日航的经营目标重回正轨。经过全体员工不懈的努力，从 2011 年开始日航利润率一直保持在 10% 以上，完成了这个基本所有人都认为不可能完成的任务，使日航踏上了高收益企业之路。很多日航员工认为这个盈利意识的转变是日航重整成功的核心原因之一。

任何人和企业只有对自己所做的事有正义感、问心无愧，才能做成大事，而且目标越大就会越努力，稻盛先生对企业利润正义性、高利润的要求和商人应有地位的确立，对经营者堂堂正正去做大、做强企业，提供了强大的理论基础和动力。

此外，稻盛先生对儒家没有定义，但对企业经营非常重要的企业与客户之间的关系，以及如何应对作了明确的定义和说明。儒家定义人类社会主要的五大关系是“君臣（上下级）、父子、夫妇、兄弟、朋友（同事）”，分别用“君仁臣忠，父慈子孝，夫义妇听，兄良弟悌，长惠幼顺”来应对。但现代商业社会不是农耕时代自给自足的经营模式，企业经营中不仅仅存在上下级关系、同事关系，还有非常重要的“客户关系”，企业应该用什么态度对待客户就成了一个关系企业生存和发展的重大问题。

在这方面企业界的认知分歧也很大，最差的经营者只把客户作为谋取利益的对象，只要能让自己赚钱，怎么坑蒙拐骗客户都可以，这就是现在某些无良企业存在的原因；有的经营者认为因为企业与客户间存在价格博弈，所以是对手关系；还有的经营者认为双方是完全平等的，我只将货卖给识家，做好良心产品就可以了，没有其他的义务，姜太公钓鱼愿者上钩，愿不愿买是客户的事，我不强求。

稻盛先生对于客户关系提出了明确的定义：“**贯彻客户至上主义，要做客户的仆人，取悦客户是经商之本！**”客户关系也就是一定意义上的“**主仆**”关系。具体做法是“**要不断创造出客户期待的有价值的产品。因此，在相关领域里，必须拥有比其他厂家更为先进的技术。必须凭借先进的技术，在交货期、质量、价格、新产品开发等所有环节上，全方位地满足客户的需求**”。稻盛先生进一步解释说：“要极度重视技术，从不懈怠；尽力满足客户对于交货期的各种‘无理要求’，哪怕是在大半夜，也要按客户的指示送货上门，总是尽量接受客户的压价，之所以这么做，正是基于‘取悦客户’的真诚意愿。**所谓优秀的经营者就是能给顾客带来利润的人。**”

可以看出，稻盛先生所说的“取悦客户”绝不是虚情假意地欺骗客户或曲意逢迎地讨好客户，而是用**最好的产品和最真诚的服务**去“取悦”客户，并且态度上必须是谦卑的，是**怀着感恩、爱和利他之心**甘心做客户的“仆人”，这就是在经营中落实经营哲学“利他”思想的具体行动。生意最终的目的是要和客户双赢，只对自己有利的生意是绝对不能做的。中国从古至今做得好的商人一般都会说“客户是衣食父母”，这和稻盛先生对于客户关系的定义相同。百年老店同仁堂的店训“炮制虽繁必不敢省人工，品味虽贵必不敢减物力”也同样表现出对客户的敬畏之心。

目前我国餐饮企业里做得比较好的海底捞火锅，老板真心为员工着想，希望他的员工“用双手改变命运”，为自己创造出美好未来。员工发自内心为客户着想，全心全意为客户服务，使客户在店里消费时真正体会到了上帝的感觉，而且海底捞火锅改中国多年来火锅行业食材质量不高、卫生不合格、餐厅环境脏乱差等混乱局面，甚至带来了中国餐饮业的服务革命，提升了整个产业的从业水平，海底捞火锅也因此成为中国盈利最高和规模最大的餐饮企业。

我们所说的有感恩之心的服务绝不仅是设施的高档或所谓的行为规范的服务，小米创始人雷军先生曾经到目前全球最高档的迪拜七星级帆船酒店去体验服务，结果大失所望，虽然该酒店硬件设施无可挑剔，服务员也是以非常标准的规范行为为客户服务，却让人感觉不到温暖，没有温度的服务是不会感动人的，有时反而会给人拒之千里的感觉。但当雷军先生体验到海底捞火锅的服务时，他感觉找到了心中理想的服务标准，所以小米公司将海底捞火锅作为服务学习的榜样。**从某方面讲，所谓的规范行为只是逃避责任的最好理由，感恩之心的服务一定是有关爱之心、有温度的服务，有**

规则却不会为规则所限，是尽心而为而不是尽力而为。我认为美国著名医生特鲁多先生的墓志铭“有时，去治愈；常常，去帮助；总是，去安慰”代表了这种服务应该具有的态度。

稻盛先生在重整日航时对空乘人员说：“接待服务不能只讲形式，必须对乘客充满感谢之心，充满亲切、温暖和关怀。哪怕是机长和乘务员进行的机内广播，也不能照本宣科，而要带着关爱之心，用自己的语言表达自己的心声。如果做不到这一点，公司的重建就无法实现。”经过不断地言传身教，稻盛先生终于让日航员工理解了服务的真谛，随之带来的改变在 2011 年日本大地震发生后表现得淋漓尽致，日航员工表现出了几乎让当时国家的救援队成员、受灾乘客等所有人难以置信的勇气和关心之情，在危难时刻彰显了国家航空公司的中坚力量，极大地提升了日航的声誉。而对于那些让人感动的行为，稻盛先生说：“所有这些，员工手册中当然都没有，也没有任何人向他们发过指示。如同身在战场一般，在时刻变化的现场，‘现在该为客人做什么’，员工们都主动地思考，自发地采取行动。”这可能就是日航迅速崛起的真正秘诀。

我国历史上有很多成功的商人抱有和稻盛先生同样的对待客户的理念，但因为当时商人的地位较低，很多商人文化水平不高，所以他们大多只是做好自己的生意而已，将自己成功的理念、经验著书立传的非常少，所以大家对于商家与客户这个重要的关系没有定论。这几年商业飞速发展，各种理论学说纷至沓来，大家对于这个问题的认知反而越来越模糊和混乱。稻盛先生在他的经营哲学和很多著作中旗帜鲜明地将这个关键的商业关系予以了定义。

在中国改革开放40多年后，各行各业都有了极大的发展，物质极大丰富，中国已经摆脱改革开放初期由于商品紧缺而形成的卖方市场。商业经济生活回归其本质——一切商业活动都通过产品和行动为人服务，能否真正以客户为中心将是商家能否持续成功的最核心条件，这时稻盛先生为大家指明了如何和客户相处是非常重要的，因为它将成为我们建立好企业的根本。

最后，稻盛先生对儒家思想的贡献是将他具有儒家思想精髓的经营哲学，通过管理会计学在企业经营中体现和固化，所有思想要想在实践中取得好的效果，一定要内化于心，外化于行。经营哲学是经营企业的理论思想，是“道”，但如何保证在企业具体经营实践中扎实落实不走样？稻盛先生用他的管理会计学将它固化、落实。因为稻盛先生认为管理会计是企业经营之舵，是经营的中枢，只要稳稳地掌握住这个经营之舵，企业就不会犯大错误，而且最终一定会克服各种困难扬帆远航。对于管理会计的具体描述我们将在稍后的章节中结合阿米巴管理详细讨论。

四、稻盛和夫经营学对儒家思想经济领域“术”的突破

稻盛先生对儒家思想在商业经济领域的另一大突破，是弥补了儒家思想在企业管理上缺失的“术”。如前文所述，因为儒家主要以教育、施政为重点，所以在商业经济领域基本上没有提出具体的实施手段和方法，即我们所说的“术”，也就是我们经常说的做一件事需要的“抓手”，这样就造成虽然有很好的思想理念但难以应用于商业管理之中，或者大家根据自己的理解随心而用，造成效果差别很大，而且可能因为用得不适当而起到反作用。

孟子讲：“徒善不足以为政，徒法不能以自行。”意思是：只有善心，没有好办法，不足以治理政治；只有好办法，没有善心，那办法也不能自己实行起来。稻盛先生首先是实业家，他的所有经营哲学都来源于企业管理，落脚点也在企业管理应用上，并通过实践在经营哲学的基础上成功地提炼出了“经营十二条”“阿米巴经营”等这些企业具体的

管理理论和方案，尤其“阿米巴经营”更是可以搭建一套完整的企业管理系统。稻盛先生在京瓷、KDDI、日航等不同领域的三家世界500强企业，进行了基于管理会计系统的阿米巴系统应用，并都取得了极大的成功，而且稻盛先生在上述三家公司的美国、中国等海外分公司也推行相同的管理系统，同样也取得了成功，证明了上述管理系统能够适用于各个国家和各个行业。稻盛先生的这些“术”都是搭建在具有儒家核心思想的“道”之上，这就使儒家思想在经济领域“道”“术”齐备，使“善心”和“办法”俱全，为儒家思想在现代企业管理上的应用铺平了道路。我们在稍后的章节结合稻盛先生的管理会计学对阿米巴经营等主要的“术”进行专题论述。

第四章

企业经营为什么需要经营哲学

我们前面之所以说明稻盛先生经营哲学和儒家思想精髓的相同点及产生的原因，就是为了让大家更好地理解稻盛先生经营哲学的本质，并一再强调经营哲学是稻盛和夫经营学的核心和基础。这非常重要，但也是大家最容易忽略的方面，因为现在很多人认为理论都是空谈，什么经营哲学、企业文化建设都是花拳绣腿，是迷惑人的，认为管理就是“胡萝卜加大棒”，只有实实在在的奖罚制度才是真正的管理，才能给企业带来效益。但理论对于人类实践的作用是巨大的，一位中国的伟人说过，“因为感性的认识是属于事物之片面的、现象的、外部联系的东西，理论的认识则推进了一大步，到达了事物的全体的、本质的、内部联系的东西”“感觉只解决现象问题，理论才解决本质问题”。稻盛先生在公司内部给员工讲得最多的就是经营哲学，在外部演讲不论讲什么议题都要用很大的篇幅来阐述经营哲学的重要性和意义，因为这是他所有理论的根基。

下面我引用稻盛先生在经营哲学（北京）报告会上的演讲：经营为什么需要哲学？结合自己的一些体会将这个至关

重要的问题作系统的阐述，希望能对大家在这个非常重要的问题上的认识有所帮助。在这场经营哲学重要性的演讲里，稻盛先生明确提出了企业经营必须有经营哲学的三大原因。

一、经营哲学必须在企业内部确定下来

所谓经营哲学，是指经营公司的规范、规则，或者说必须遵守的事项。经营公司无论如何都必须共同遵守的规则或事项，这些作为“哲学”，必须在企业内部明晰地确定下来。这实际上是说经营企业要有“底线”，这个“企业底线”要在企业内人所共知，并在任何情况下都要被遵守。我们现在都强调做人一定要有底线，企业是人的集合体，承担着更大的社会责任，更需要有底线，这两者有很大的关联性，比如，不可撒谎，不可只顾自己利益而损害他人利益，不可好逸恶劳、投机取巧等，应该既是企业员工做人的底线，也是企业经营的底线。稻盛先生说：“经营也是人做的，以他人为对象的一种活动，因此在经营活动中，什么是该做的事，什么是不该做的事，这种判断也不能偏离作为人最基本、最起码的道德规范。人生也好，经营也好，应该遵守同样的原理、原则。只要遵守这些原理、原则，就不会犯大的错误。”

很多公司用制度规定企业底线，认为只要制定了所谓的

“企业高压线”就万事大吉了，但这是远远不够的，如果没有公司领导自上而下以身作则，没有深入的员工教育，使这些规范成为员工内心不可逾越的做人底线，这些制度只能是装点门面的饰品而已。底线首先一定来自思想，来自道德，来自对自己心中良知的敬畏，**欺人者必先欺己**，法律和规则对于无底线的恶行只能起到“堵”的作用，而真正从根本上解决它一定要靠“疏”的办法，只有让员工自己心里认识到那样做是不对的、可耻的，是要受到惩罚的，才能真正杜绝这种行为的发生。

尤其法律、法规对预防罪大恶极的犯罪有时更显得无力，很多时候只能起到事后惩罚、亡羊补牢的作用。为什么国内会出现三聚氰胺伤害孩童这样的恶劣事件？为什么美国会出现安然公司造假导致全球股市下跌的恶性事件？不是国家没有法律，而是公司的经营者没有道德，良知被私利蒙蔽，将法律、法规视作虚设。历史上之所以会出现泯灭人性的种族灭绝，也是人性、良知被蒙蔽所造成的，**真正能够避免历史悲剧重演，包括企业恶性事件发生的，一定是人性道德认知水平的提升，使人有正确的是非观，良知要发挥作用**。高瓴资本创始人张磊先生说：“许多人在个体利益最大化和利他主义的两极之间摇摆，但最终应该相信道德的力量。”

稻盛先生说，一定以“作为人，何为正确”去判断而不是以自己的私利去判断、决定自己的行为，这样就不会犯大错，听从“良知”的指引去做事而不是去盲从某些所谓常识、权威就不会出原则性问题，就能守住底线！王阳明说过，“知善知恶是良知”，良知自知善恶。“要勤奋不要偷懒”“不撒谎”“不损人利己”“不欺上瞒下”“己所不欲，勿施于人”等道理都是简单明白的，只要不被过分的物欲蒙蔽心灵就可以判断是非，敢于坚持正确的事，这就是王阳明说的“知行合一”，而做错误的事，内心就会感到自责，感到羞耻，感到无地自容。

在日本，曾经发生一起19岁的少年将一家四口残杀的惨案。因为罪行重大，他虽未成年，仍然被判处死刑。而该少年原来自以为是地认为自己是未成年人，不可能被判处死刑，针对这一点，有一个记者评论说：“如果该少年了解法律的话，或许惨案就不会发生了。”但是，稻盛先生认为：“该少年更应该懂得的是法律之前的问题，就是‘不可杀人’这个最基本的道德律、伦理观。‘不可杀人’‘不可伤人’这样的问题，不是法律论，而是属于道德论的范畴，是最起码的人生观。”我认为稻盛先生说到了问题的根本，如果只靠法律法规去约束、规范人们的行为，那实际是将人类降低到了普通动物的水平。

孔子说：“苟志于仁矣，无恶也。”意思是：如果一个人有志成为一个仁人，就是好人，他的心诚就在于仁，那就不会去做恶事。公司也一样，如果公司里的经营者、管理层、员工有很好的价值观、哲学观，公司就能行得正，坐得端，就能少走弯路，就能不犯大错，守住底线。但这首先要求企业经营者有正确的经营哲学和思维方式，并通过不断地教育员工，使之成为公司的灵魂。

这也是儒家治国首先强调自我修身，强调教育，强调人要有礼义廉耻，要有畏惧心和羞耻心的原因。羞耻什么？羞耻自己违背良知，丧失良知！畏惧什么？畏惧天理！做了坏事自己良心不安，畏惧遭天谴，因为天网恢恢，疏而不漏！要敬天。

中国历史上公认的千古一帝唐太宗李世民，文治武功达到了古代帝王的巅峰，但他却对群臣说："人言天子至尊，无所畏惮。朕则不然，上畏皇天之监临，下畏群臣之瞻仰，兢兢业业，犹恐不合天意，未副人望。"他将前朝的酷刑大量废止，将肉刑、鞭挞等对人身体有极大伤害的刑罚减少或取消，大量削减适用死刑的法律条款，在贞观之治初期几年中，每年全国的死刑犯不过百人，而隋炀帝因修建一座宫殿就可能杀戮几千甚至几万人。唐太宗刚登基就身体力行地弘扬儒学，克己修身，近贤臣而远小人，用礼乐教化百姓，恢复百姓的礼义廉耻之心，致使中原大地民风淳厚，百姓可以夜不闭户、路不拾遗。解除了连汉高祖刘邦都没有解决的匈奴这个当时对汉民族最大的威胁，李世民获得了当时各民族人民的拥戴，被推选为"天可汗"，贞观之治成为中国最璀璨夺目的一段历史，也是中国儒家王道领导的最好典范。这不就是稻盛先生终身修行的"敬天爱人"的完美写照吗？帝王、领袖修身养德，他们的国民、下属怎么会胡作非为呢？

孟子讲："人有不为也，而后可以有为。""无为其所不为，无欲其所不欲，如此而已矣。"人一定要先在心里明确在任何时候都不能做的事才有可能做成功的事，才能不被眼前一己之私利蒙蔽而铸成大错，害人害己。

那么，要如何规范人们的行为，使大家不做错事？孔子说："道之以政，齐之以刑，民免而无耻。道之以德，齐之以礼，有耻且格。"意思是：一个国家如果只用严刑峻法规范人民的行为，老百姓虽然暂时不敢犯法但心中没有羞耻感，没有自我约束力，他们一旦找到机会就会做出意想不到的事。而如果用道德、礼教规范大家的行为，老百姓不但做事规矩心中也会有荣辱感，拥有很强的自我约束力。孟子说："人不可以无耻。无耻之耻，无耻矣。"意思是：人不可以没有羞耻心，把没有羞耻心视为可耻的事，那就不会做出羞耻的事情来了。

"羞耻感"和西方基督教中"罪恶感"意思相近，管理者和被管理者如果拥有了"羞耻感"和"罪恶感"，那管理将会是简单轻松的，并且能真正实现稻盛先生所追求的让员工获得的不仅仅是物质幸福而且要达到精神幸福的目标。稻盛先生说："不管制定什么样的规章制度，不管如何严令遵守，必然有人千方百计钻空子，不法行为不会根绝。依西乡之教导，**问题的根本解决之道并不在规章制度，而应聚焦于人心**。京瓷刚建立时就确定了'作为人应该做正确的事情，以正确的方式贯彻始终'的极为简朴的企业行为底线，正因为遵循由此得出的结论去做，京瓷从创立以来长达半个世纪，经营之舵从未偏离正确方向。后来京瓷进军海外，这样的判断基准更成为全世界普遍适用的哲学。”在公司底线这件事上，法律、法规固然重要，但更重要的是企业有正确的经营哲学并贯彻始终！

二、经营哲学可表明企业的目标

所谓"哲学"，它用来表明企业的目的、企业的目标，即要将企业办成一个什么样的企业，同时这种"哲学"还要表明，为了实现自己希望的、理想的企业目的，需要什么样的思维方式。这实际就是企业的使命、愿景以及如何实现使命和愿景。

使命就是成立公司的目的是什么。很多经营者刚开始成立公司时可能没有明确的使命和目的，尤其没有比较高尚的目的，大多是从经营者自身利益去思考的，多数经营者的目的可能就是"想要赚钱"。稻盛先生说："当然，'想要赚钱'这种强烈的愿望本身绝不是坏事。事业开始的时候，缺乏'无论如何必须成功'的强烈愿望是不行的，'要过上富裕的生活'这种愿望也是成功很大的原动力。日本和中国经济腾飞的原动力就在于每一位国民追求富裕的愿望。"

但稻盛先生强调："要率领团队前进，开始只是强烈的愿望也无妨，但我认为，大义名分也是必不可少的要素。如果没有‘我们是为着如此高尚的目的而工作’这样的大义名分，也就是没有使命的话，要把众多人的力量聚集起来，将他们具有的力量最大限度地发挥出来，是根本不可能的。而**金钱欲和名誉欲，伴随着罪恶感，消耗着巨大的能量。这样的罪恶感，会大大降低做好当前工作所需的能量**。具有一个值得向人夸耀的、光明正大的目的，人就不会有恐惧感，不会有罪恶感，就可以提高自己能量的水准。为什么事业的目的应该符合最高的道德水准？这便是理由之一。”

稻盛先生在创业的第三年将京瓷原有的“让稻盛技术彰显于世”这个只体现个人利益的公司使命，改为“在追求全体员工物质和精神两方面幸福的同时，为人类社会的进步和发展做出贡献”这个能被全体员工内心认可的，任何人都可以共同拥有的卓越理念。稻盛先生说：“这样的企业目的，员工们都能从内心产生共鸣，他们就会团结一致，为公司的发展竭尽全力，甚至粉身碎骨也在所不辞。同时，也正因为有了这种光明正大的目的和使命，作为领导的我，也可以问心无愧，不受任何牵制，一方面鞭策自己，另一方面激励部下，不断将事业向前推进。”高瓴资本创始人张磊先生也说过：“一个企业的成功最关键是吸引人才，而吸引人才最佳的方式莫过于靠伟大的事业来吸引和激励，而不是单纯靠薪酬和福利。”

稻盛先生强调给自己领导团队树立具有大义的使命，不仅对企业最高经营者而且对企业所有领导者都同样重要，在京瓷，他要求每个阿米巴长不仅仅是简单地把收入、利润目标分配给自己的阿米巴成员并督促大家完成，而且要给阿米巴成员讲清楚自己的工作对公司乃至社会有何重要意义，并要让这种使命感为整个团队所共有。稻盛先生在参加工作的第一个公司做部门领导者时就是这样做的，每当承担重大任务的时候，稻盛先生都要把自己部门的员工集合起来，满怀热情地给他们讲述即将从事工作的重要性和意义，虽然当时他薪资微薄，但在下班后经常自掏腰包请大家吃饭，一边感谢员工的辛苦付出一边再次给员工讲述工作的意义。通过这样一次次的宣讲使员工对工作意义的理解不断增强，从而产生对自己工作的责任感和自豪感，所以稻盛先生才能在当时公司整体士气普遍低落的环境下，带领出一支和公司气氛完全不一样的战斗力极强的团队，并在非常简陋的工作条件下，研发出具有当时世界先进水平的精密陶瓷器件 U 形管。这也是我们后文将要提到的阿米巴培养具有经营意识人才的重要体现，只有这样才可以说公司具有了使命，公司使命一定是层层分解到每个基层组织甚至个人的，深入每个员工内心，员工的日常行动都为实现这个大家共同的使命而奋斗和努力，它绝不是飘在空中的，或是只被几个公司高层认可或只是在大会上被谈论，只有这样的使命才能将所有的员工凝聚在一起。

顺丰是目前国内最大的民营快递公司，其创始人王卫先生对于顺丰公司的愿景是："成为最值得信赖和尊敬的速运公司。"如何才能达到这个目标？王卫先生说："一棵大树，露在外面的树干和树冠能否真正经历暴风雪，还是取决于它深入土壤的根系是否扎实和健康。我相信，只要公司内部先做好了，只要我们内部对顺丰的企业文化形成了一种信仰，那离外部对我们的信仰也就不远了。"一个公司的企业文化体现的主要精神就是稻盛先生所说的公司大义使命，而如果能让全公司人员将它作为一种信仰，那企业大义就真正在公司落地了，这可能就是顺丰成为国内最成功的快递公司的主要原因之一。

企业愿景就是希望将企业做成什么规模的企业，是对企业前景和发展方向的一个高度概括。稻盛先生认为，成立一个企业最好将规模目标尽可能定得高一些，这样才能更好地激发员工的斗志。概括来说就是要给企业立大志。无论是一个人还是一个企业要成功都需要先立志，志向高才能走得远。孔子讲"三军可夺帅也，匹夫不可夺志也"，说明一个人的志向比军队里的元帅都重要，"志"是由"士"和"心"组成的，一个"士"有了"心"才具备了"志"，否则就是无"志"之人，所以王阳明讲"人无志则一事无成"，因为一个无"心"之人是做不成任何事的，经营企业也是同样的道理。

稻盛先生经常将经营企业比作登山，你想登什么样的山就需要做什么样的训练和准备，目标决定行为。而稻盛和夫经营学是为登上世界最高的山准备的，因为他在刚成立京瓷时，就将京瓷的目标设定为要成为世界第一的陶瓷公司，为达到此目的必须将自己和员工的所有潜能都激发出来。所以他在京瓷的经营哲学中将“树立高目标”“持续付出不亚于任何人的努力”“把自己逼入绝境”“极度认真地生活”“制造完美无瑕的产品”等与之匹配的信条融入其中。

但高愿景要被全体员工认可并不容易，需要经营者通过自己的行动及坚强的意志去说服员工。稻盛先生刚提出要做“世界第一”这个目标时，连他自己也对能否实现心有怀疑，因为差距实在太大了。他说出这个梦想，不仅是想鼓励员工，也是为鼓励作为经营者的自己。但即便如此，他依然不断地向员工诉说“要成为日本第一，不，世界第一”。与此同时，他不断给员工讲述，为了成为世界第一的公司大家应该如何思考、如何行动。正是稻盛先生通过一次次的演讲及亲身的实践，使这个愿景逐渐成为全体京瓷员工的目标，京瓷人才能忍受别人所不能忍受的辛苦工作而乐不知疲，因为目标驱动的力量是强大的。稻盛先生经常引用詹姆斯·埃伦的话来说明目标与努力之间的关系：“**那些无法成功的人，都是完全不愿牺牲自己欲望的人。如果内心祈愿成功，就必须付出与之相应的自我牺牲。想要获得大的成功，就要付出大的自我牺牲，想要获得无上的成功，就必须付出无上的自我牺牲。**”

有一次马云在创业不久时接受采访，当记者问他及他的员工为什么这么努力工作时，他说："拼命奋斗的动力是什么？不是财富。从大的方面说，我真的就想做一家大的世界级公司，我看到中国没有一家企业进入世界 500 强，于是我就想做一家。从小的方面说，既然出来了，那么就得做下去。我不喜欢玩儿，有人为了权利，有人为了钱，但我没有这种心态。说实话，为自己，为这个国家，为这个产业。"成立一家世界级的企业一开始就是马云创业的梦想，这个梦想也一直推动他及他的团队不断忘我努力，直至梦想成真甚至超越梦想。

稻盛和夫经营学要求经营者要有非常严格的自律精神，有非常强的挑战和拼搏精神，有追求完美的精神。同时，阿米巴经营中要求所有阿米巴成员必须对数字很敏感，必须有追求卓越的理想，要愿意为实现一些在别人看来微不足道的进步而努力，这都需要有极强的进取心，松松垮垮的态度是绝对不能成功的。所有这些必须要有远大的目标支撑，否则很难有人能坚持下去。稻盛先生因为一开始就将京瓷的企业愿景定为"成为全世界第一"，所以他能忍受以百米冲刺的速度去跑马拉松一般的非人挑战，他眼中总有比他跑得快的选手的身影，这是他能够成功的原动力之一，也是他在经营哲学里不断鼓励大家"树立高目标"的原因。曾子讲过，"士不可以不弘毅，任重而道远"。

三、经营哲学可以赋予企业优秀的品质

这种“经营哲学”可以赋予企业一种优秀的品格。就像人具有品格一样，企业也有企业的品格。企业经营非常需要优秀的哲学，因为这种哲学可以赋予企业优秀的品格。稻盛先生说的这一点就是要建立良好的企业文化和风气。一个企业刚开始的成功可能是靠独特的产品或老板的精明，但当企业达到一定规模后，决定企业可持续健康发展的一定是企业文化和企业风气，因为一个公司的企业文化决定了公司员工的思维方式，思维方式决定行为习惯，行为习惯决定结果。高瓴资本创始人张磊先生在总结企业成败原因时说：**“在我看来，企业文化是重中之重，它的重要性不亚于创业者本身，即大于商业模式，大于某一产品或服务，某种程度上也大于团队。企业文化必须在创业一开始就建立起来，不能出问题，也无法推倒重来。”**

建立一个有良好企业文化和风气的公司是所有有理想的经营者的共同心愿，但这不仅取决于经营者怎么想、怎么

说，而更取决于经营者的经营哲学。经营哲学首先反映在“治人”方面，就是企业最重要的如何管理员工的问题，这方面就有稻盛先生讲的采用欧美常见的用高薪厚禄、强权压制，把人当作机器统治的“霸道”式管理模式，以及采取以中国为中心所提倡的“德治”的方法，尊重和关心每个人，用“仁”“义”“礼”来管理的“王道”模式，这两种管理模式会形成员工完全不同的思维方式，从而形成完全不同的企业文化。

企业文化不同，员工的行为表现完全不同，比如，当员工看到一条新的公司管理制度时，第一反应是想找漏洞、钻空子去获取个人私利，还是想即使有漏洞也不会利用，甚至在发现漏洞后主动去堵住以避免公司损失？当一名员工接到一项任务后，第一时间是想如何全力以赴，克服困难，完成任务，还是先想如何偷懒或先找出任务如果失败推卸责任的理由？这些不同的想法决定公司的兴衰。

“霸道”的管理方式将员工看作劳动工具去利用和管理，公司从上到下充满着不信任，崇尚强权，员工和经营者是博弈、敌对关系，公司经营者认为结果比过程重要，只要能够达到结果可以不择手段。经营者通常对员工采取的是三国时曹操所宣扬的“宁可我负天下人，不可天下人负我”的态度。

这种“霸道”的领导方式和儒家及稻盛先生重视过程正确的想法完全背道而驰。这种公司普遍只相信管理制度而不相信人有道德的自我约束力，公司经营者认为员工只会想办法占公司便宜而不会为企业发展主动奉献，在这种情况下，员工也是在利用一切机会为自己谋私利，以免年老体衰后被公司遗弃，生活没有依靠。公司流行着怀疑和互相利用的风气，所以规章制度会源源不断地颁布，有可能为一件简单的事接连颁布很多制度，希望把各种可能被员工钻的漏洞都堵死，但因为所有规章制度都是“防君子不防小人”，有造锁的就有开锁的，造成的结果就是新的漏洞依然层出不穷，公司却被制度束缚，这就是作茧自缚。很多拥有强大资源的公司失败的主要原因，不是因为外部竞争失败而是被自己的制度捆住了手脚，因此失去活力从而以失败收场，企业文化、风气坏了，企业离破产就不远了，郭士纳之所以能拯救 IBM 使之重获新生，就是因为他重整了企业文化，打开了 IBM 身上的“枷锁”，使“大象重新跳舞”。

“王道”的管理方式强调在法治之上以德服人，**这个“德”首先是企业经营者自身要有“德”，要为员工着想，要对员工忠心，而不是先让员工有“德”，要求员工对经营者忠心，我们很多经营者把这个顺序弄反了。稻盛先生说：“要别人爱你，你先要爱别人。要构建以心为本的可靠人际关系，经营者自己必须持有一颗纯粹的心灵，并将有纯粹心灵的人聚集起来，记住！心可以换心。”**孟子说，“君之视臣如手足，则臣视君如心腹；君之视臣如犬马，则臣视君如国人；君之视臣如土芥，则臣视君如寇仇”，即在上位的领导先要为下属考虑，把下属当作兄弟手足，这样才能换来下属的忠心和真心，否则只能是离心离德，分崩离析，甚至互相伤害。

领导者要通过言传身教把关心和信任传递给员工，企业成功的目的不是自己或某几个人的利益，而是要将成果与员工分享，这样才能得到员工的认同，所以能“上下同欲者胜”。孟子说：“善政，不如善教之得民也。善政民畏之，善教民爱之；善政得民财，善教得民心。”意思是：好的政令约束百姓，让他们遵守秩序，但他们心里并不服从。善教就是崇德尊礼，人人从自己开始修身齐家，所以，善政不如善教。华衫老师解释道：“在企业里，善政就好像制度，善教是企业文化，文化高于制度，可以去制度到不了的地方，让每个人自己管理自己。”

企业文化的建立一定是“一把手”工程，是一个企业一把手人格和经营哲学的外在体现，它决定企业的规模和寿命，所以稻盛先生一直强调企业的发展规模决定于经营者的心性。稻盛先生也一直用“螃蟹只能打和自己壳一样大的洞”来说明这个问题，他给希望有所建树的经营者提出的建议就是“提高心性，拓展经营”，企业经营者如果想扩大企业规模，第一要务是先提升自己的心性，即经营哲学。只有经营者有正确清晰的经营哲学，他身边的主要公司负责人才会有正确的经营哲学，才能和员工共享这种正确的经营哲学，这些“仁”“爱”“慈悲”“利他”“信任”“进取”等正面积极的思想才能成为企业文化，并成为企业成功的最大基石。稻盛先生认为，一个企业拥有良好的品格不仅能使企业内部和谐、有活力、健康成长，而且能够在外界获得用户超过信任的尊敬，就像一个具备优秀人格的人会被别人信任和尊敬一样，这是稻盛先生认为一个企业成功的最高境界，同时也应该成为我们共同追求的企业目标。稻盛先生说：“**具有高尚的道德，意味着比提供便宜的价格、良好的质量和及时交付更为重要的东西。获得客户的尊敬，就能长期保证事业的成功。**”

我们现在经常说企业基因对于企业的重要性就像人的基因对于人一样，一个企业的成长规模和生存时间取决于企业基因，但什么是企业基因呢？我认为，企业经营哲学就是企业基因，它决定了企业的价值观、使命和愿景，决定了企业的企业文化，它就是企业的基因密码。建立正确和强大的经营哲学就是打造良好的企业基因，因此请各位经营者务必对此予以百分之百的重视，只有拥有好的企业基因，一个企业才能茁壮成长，否则企业将是“无源之水”“无本之木”，不会有美好明天。

第五章

致良知，获得“利他之心”：六项精进

我们前面对经营哲学在企业经营中的重要性进行了说明，也阐述了稻盛先生经营哲学的核心是“利他”精神，也就是儒家思想的“仁”“义”“良知”，那如何致良知，如何获得“利他之心”就非常关键。对此，稻盛先生也提出了很多方法，其中最著名的就是“六项精进”，这是稻盛先生通过几十年生活、工作所得到的为人处世的良方，其中也蕴含儒家“格物”“致知”“诚意”“正心”的修身之法和佛教“六度”的思想智慧，我认为只要按此行动，就可以获得“利他之心”。

一、持续付出不亚于任何人的努力

稻盛先生六项精进的第一条就是“**持续付出不亚于任何人的努力**”，在企业经营中，最重要的就是这一条。这句话的意思就是：每一天都竭尽全力、拼命工作，是企业经营中最重要的事情。想拥有美好人生，想成功地经营企业，前提条件就是要“持续付出不亚于任何人的努力”，换句话说，就是要勤奋工作。这是稻盛先生对这条非常重要的“精进”要义完整的解释。

首先我们注意到稻盛先生强调的是要“**持续**”，就是“**每一天**”都要付出“不亚于任何人的努力”，而我们很多人只是在面对自己感兴趣的事和工作，或者是在自我感觉情绪或状态良好时才努力工作，而稍微遇到问题或困难就给自己找各种理由松懈，稻盛先生认为这种脉冲式的努力是不会做成任何大事的，因为没有持之以恒的努力就不能积攒到从量变到质变所需要的能量，因此就不能使自己的事业跨过质的突破所必须越过的门槛，从而到达一个新的高度。

另外，稻盛先生说的是要**“不亚于任何人的努力”**而不是“当一天和尚撞一天钟”式的努力，就是要“拼命工作”，这种努力不是三心二意而是专心致志的，不是朝九晚五而是竭尽全力的，不是机械地执行而是用心不断创新的努力，中国一句老话“不疯魔，不成活”说的就是这个意思。稻盛先生甚至说一个人的工作和人生“除了拼命工作之外，不存在第二条成功之路”。小米创始人雷军先生正是因为将此话作为自己的座右铭并身体力行，所以才有了小米公司今天的成功。

为什么这一条如此重要，要如何做好这一条呢？稻盛先生进行了详细的剖析和具体的指导。

首先，**“拼命工作是一切生命都在承担的义务”**。稻盛先生从自然界万物生存中得到启发，认为任何生物都必须“拼命地工作”才能求得生存，无论是路边的小草还是草原的狮子。大家可能会认为狮子作为自然界食物链最顶端的动物一定过得很安逸、很舒服，但这绝对是个错觉，实际上狮子并不比它的猎物野牛、斑马等生活得容易，甚至可能更艰辛：小狮子活到成年的概率只有25%左右，狮子在全年很长时间内要忍受饥饿的痛苦，干旱季节里有很多狮子会饿死，而且它们还要面临其他狮群及鬣狗攻击的威胁，只要稍有疏忽，族群就可能灭亡。尤其是我们认为最威武的雄狮生活最为不易，幼年时面临夭折的威胁，成年后会被赶出狮群，要么成为流浪的狮子，要么成为另一个狮群的首领。如果找到能够被统治的狮群，一般四五年后就因体力衰退而被新的雄狮赶下王座，于是开始第二次流浪直至孤老终生。有人用很形象的话总结了雄狮的一生，“幼年九死一生，青年颠沛流离，老年老无所依”，这真是动物界的“欲戴王冠，必承其重”啊！

所以，稻盛先生说：“无论是植物还是动物，它们都在严酷的条件下顽强地生存。马虎懒惰、不负责任的动植物并不存在。按照自然界的规律，我们人类在地球上生存，也必须认认真真、竭尽全力。”稻盛先生将这称为“宇宙的意志”，他强调人类无论是要生活好还是要经营好企业都应符合“宇宙的意志”，否则一定失败，这就是大道，也就是天命。儒家讲“天行健，君子以自强不息”，佛教六度中要求“精进”也是同样的意思，所以，我们要认识到“拼命努力工作”并不是对我们过高的要求，而是我们生存的必需条件，是我们做人的责任。

其次，要做到这一点，“**只要喜欢你的工作，再努力也不会觉得苦**”。我们初看到“拼命工作”一定会感觉非常辛苦，会有很大的畏难情绪，但我们可以想一想，我们在做自己喜欢做的事时，可能经常不被别人理解，很多被别人看作很苦、很累甚至有些危险的“傻事”我们却乐在其中、非常享受。现在很多人喜欢踢足球，冒着酷暑或严寒在室外比赛，而且经常会受点伤，有时还是骨折这样比较严重的伤，但真正喜欢踢足球的人认为这才是他们爱上这项运动的原因。像山地滑雪、翼装飞行等极限运动，在旁人看来非常辛苦和危险，但喜爱者却毫不顾忌且乐此不疲。这就是稻盛先生说的真正喜欢工作的人一定是有一种“千里有缘来相会”的感觉，在热恋的人眼里，千里之遥不过是一箭之地，不管多么辛苦，都会满怀喜悦、不知疲倦地去和心上人相会。“喜欢”就是最大的动力。努力、勤奋以至成功，这一切都产生于“喜欢”这个母体，所以，**如果要坚持“拼命地工作”，就一定要喜欢自己的工作，否则谁都不可能做到**。

那么就有了一个难以解决的问题：如何让我们喜欢上自己的工作？大多数人会认为“爱一行，干一行”，只有我对一件事有兴趣我才会喜欢（拼命）去干，但现实中这种情况是很少的，尤其在工作方面。虽然现在我们选择工作的机会比较多，但一个人能够从事自己喜欢的工作的机会还是不大，尤其是刚开始工作的时候。此外，一个人年轻时对于真正适合自己的工作可能还不是那么清楚，有时认为将要做的工作会是自己喜欢的工作，但真正做了以后才发现和自己原来想象的差别很大，或者自己并不擅长做。大多数普通人成功的经验是分配到一个自己并不怎么喜欢，或自认为不太擅长的工作，但迎难而上拼命工作，随着工作取得成就逐渐喜欢上了这份工作，然后更加努力，取得更大的成就后发现自己热爱上这份工作，从而形成良性循环并取得伟大成就，这实际上就是“干一行，爱一行”。

就像现在很流行的跑马拉松，我相信很少会有人一开始就喜欢上这项简单、枯燥又非常辛苦的运动。但可能是因为希望自己身体好，又可能是因为自己的朋友喜欢这项运动等，于是开始尝试跑步，一开始的坚持一定是非常困难和痛苦的，但随着咬牙坚持的时间增加，发现自己能够不断打破自己设定的目标，不断有人投来赞赏的目光而变得喜爱上这项运动，从而乐此不疲成为这项运动的“发烧友”，甚至成为其中的高手，使原来强迫自己每天坚持的任务成为生活中不可缺少的一项，几天不跑就浑身不舒服。**实际上基本所有好习惯的养成都是从强迫开始的，但咬牙坚持一定时间，只要形成良性循环，就会顺理成章变成自身的一部分。就像我们认为非常困难的卫星发射，在进入轨道前必须给予强大推力（强迫），想达到更高的轨道就需要提供更大的推力，一旦进入轨道就可以凭借自身引力轻松地循环（良好习惯），这可能是好素质养成的唯一方法。**

这也是稻盛先生的成功之路，稻盛先生开始对精密陶瓷行业毫无兴趣，只是为了找一份养家糊口的工作才勉强在大学毕业时突击学习了相关知识，毕业分配到公司后，对公司和从事的工作没有任何兴趣，每天只是发牢骚，毫无工作状态，自己过得很痛苦。在想要离开公司却没有成功后转变想法开始努力工作，刚开始强迫自己这么做，但随着科研的进展，成果一点点出现，他发现自己逐渐喜欢上了这份工作，于是神奇的改变开始发生，直至后续京瓷传奇的诞生。所以稻盛先生说：“有机会从事自己喜欢的工作，当然很好，但大多数人没有这种幸运。一般的人都是为了生计而从事某项工作。既然如此，就有必要做出努力，让自己去喜爱自己所从事的工作。努力了，喜欢上自己的工作，接下来就好办了。要付出‘不亚于任何人的努力’就变得简单了。”

再次，**全力投入工作就会产生创意（灵感）**。如果我们每天都能全身心地投入工作，全力以赴思考如何更好地工作，往往会发生一些神奇的事情，一些不可思议的创意或灵感会不经意来到我们的脑海或行动中，使我们的工作取得意想不到的成功。我们经常看到在体育竞技场上很多优秀的运动员在非常困难的情况下，超常发挥取得胜利，但如果让他们再重复却不可能做到，而且在平时他们的训练中也没有做到过，这就是我们所说的“如有神助”。但这种情况只发生在运动员极端努力、顽强拼搏和有极强获胜欲的情况下，平时训练不认真或松松垮垮地参加比赛是不可能看到这种情况的。

所有职业中，那种意想不到的“神来之笔”可能才是“拼命努力工作”最大的魅力所在，长时间苦苦寻找答案后豁然开朗，美好的结果一下子出现在眼前，真所谓“山重水复疑无路，柳暗花明又一村”，真有一种喜极而泣的感觉，我相信真正努力工作的人一定都享受过这种美妙时刻。这就是稻盛先生所说的：“**真挚、认真、不懈地努力，走投无路时也不言放弃。上帝看到我这么努力，这么执着，便不嫌我愚笨，慷慨赐予我新的智慧、新的灵感、新的启示。上帝之**

所以赐予我原本没有的、了不起的想法和智慧，乃是一种报应，是我拼命努力的结果。历史上的伟人，往往因为获得‘灵感’而成就其伟业。”

上天是公平的，也是无情的，它不会轻易去帮助、怜悯任何一个人，所以老子说“天地不仁，以万物为刍狗”，要让上天帮助自己的途径只有怀着正直之心并持续付出不亚于任何人的努力，这是和上天“对话”的唯一途径，“精诚所至，金石为开”。孟子说：“莫之为而为者，天也；莫之致而至者，命也。”意思是：认为不可能做到的事却实现了，这是天意；认为不可能得到的东西却得到了，这是命数。随着这一刻的到来，我们的生活或工作将会跨上一个新的高度、一个新的台阶，我们将看到一幅更美好、更宏大的画卷，这就是天道酬勤！

最后，“**拼命工作可以磨炼灵魂**”。俗话说“无事生非”，人一旦闲下来就会产生各种好逸恶劳的想法，因为人的精力是有限的，如果不能将它引到正途，就会向不好的方向发展，这也是曾国藩修身最强调“勤”的主要原因。稻盛先生说：“成就伟大事业的智慧只能从经验的积累中才能获得。只有亲身参与的体验才是最宝贵的财富。而且，**劳动对人具有崇高的价值和深远的意义。劳动具有克制欲望、磨炼心志、塑造人格的功效。劳动不仅是为了生存，为了温饱，它还陶冶人的情操**。聚精会神、孜孜不倦，全身心地投入每一天的工作，这就是最尊贵的‘修行’，就能磨炼灵魂，提升思想。**发自内心的欢喜和快乐，存在于工作之中，兴趣和游玩获得的快乐，只有在充实的工作之余才能品尝。有没有值得终身投入的工作可做，是人生幸与不幸的关键。**”

我们前文提到王阳明强调明确自己的良知一定要在“事上练”，就是要在日常生活的种种困难面前去磨炼自己的灵魂，提升自己的才能。读万卷书，行万里路，因为那种只在自己房间里念死书、空想的人是得不到任何真学问的。王阳明曾指出那种“学问家”平时说得挺好，但都是纸上谈兵，遇事则乱，全无用处。

有一次王阳明的一位学生问他：“静时亦觉意思好，遇事便不同。如何？”王阳明答道：“是徒知静养，而不用克己功夫也。如此，临事便要倾倒。**人需在事上磨，方立得住，方能‘静亦定，动亦定’**。”这段对话的意思是，王阳明的学生觉得自己静时修养的状态还不错，但一遇到事就不行了，问王阳明怎么破解？王阳明回答：“你只知道静养，而不知道克制自己，在磨炼自己上下功夫。这样一遇到事，就会动摇。**人一定要在具体事上磨炼，才能立得住，才能做到静亦定，动亦定。**”

王阳明在第一次科考前已经是公认的天才少年，所有人都认为他一定能考中甚至状元及第。他父亲的同僚，大学士李东阳，半开玩笑地让他在考前就写了一份《来科状元赋》，就是提前写好考上状元的获奖感言。但造化弄人，实际情况却让人大跌眼镜，王阳明竟然落榜了。这在一般人身上一定是一次巨大打击，甚至是奇耻大辱，有些人可能会因此一蹶不振。但他却说：“我不以不及第为耻，我以不及第而动心为耻。”平静地接受了结果，然后继续做自己该做的事。这就是事上磨，只有这样才能做到静亦定，动亦定。

《中庸》上说：“人一能之，己百之。人十能之，己千之。果能此道矣，虽愚必明，虽柔必强。”稻盛先生说：“**全身心投入工作，就没有空胡思乱想。就是说，竭尽全力，拼命工作就能磨炼人的灵魂。而磨炼灵魂，就会产生利他之心，就会萌生出好心善意，萌生出关怀他人的慈悲之心。**为社会，为他人着想，并落实在行动中，你的命运就一定会向好的方向转变。”

二、要谦虚，不要骄傲

稻盛先生说：“谦虚是最重要的人格要素。我们常说，那个人的人格很高尚，意思是说，那个人的人格中具备了谦虚的美德。”中国有很多汉字很有哲理，“臭”从字面上可以解释为“自大一点就臭了”，我们的老祖宗通过这种方式来时时刻刻提醒我们要谦虚。

谦虚是大家都应遵守的行为准则，即便是国家也一样，否则会遭受惩罚。比如面对这次突发的全球新冠肺炎病毒侵袭，美国认为自己是世界第一强国，无论是人的身体素质还是全国医疗体系都远超其他国家，觉得新冠肺炎病毒不会对其有大的影响，再加上一些政治和意识形态等方面因素的影响，从国家到一些老百姓都表现出了傲慢的态度，国家不做统一严格防控部署，各州自行其是；一部分老百姓极端强调所谓“自由”，就连带口罩这样最基本、最简单、最常识性的防控手段都不愿采取，所以美国成为全球疫情最严重的国家，无论是患者数量还是死亡人数都居全球之首，上千万人患病，几十万人殒命，国家经济损失惨重，目前疫情还在美国肆虐，后续对美国人民身体素质和国民经济的负面影响尚难以估量，这血淋淋的现实真应该让我们引以为戒：一定不能骄傲，即使你是第一也不行！

孔子说：“如有周公之才之美，使骄且吝，其余不足观也已。”意思是：即使你有周公那样的大才，但如果骄傲和吝啬，不愿意与他人分享，那么那些才华也是不值一提的。周公是孔子最崇拜的人，他对周朝八百年江山的建立起到决定性作用，也是中华文明的奠基者，是孔子认为尊崇的圣人和榜样，但即便如此，孔子依然认为，周公如果骄傲，也将一无是处，所以我们更应谨记一定要谦虚这一点。

为什么我们强调“唯谦受福”？首先，一个人只有谦虚才会真心学习，才能不断成长。任何人要成功必须要有终身学习的态度，否则无论他有多高的天赋都会被不断进步的时代淘汰。其次，只有谦虚才能获得别人的帮助。一个骄傲自满的人往往害怕得到别人的帮助，因为他认为那是看不起他，证明他不行，所以连别人对他好的建议都不愿意听，文过饰非、强词夺理，久而久之就会变成孤家寡人。只靠自己的努力想成功是不可能的，就像一个国家闭关锁国却想经济腾飞就是痴心妄想。此外，人还会为了掩饰自己的无知做出很多傻事，使自己原来拥有的也很快失去。即使像乔布斯那样的不世天才也强调要保持“求知若饥，虚心若愚”（stay hungry，stay foolish）的状态，即保持进取心，承认自己的无知，这也是乔布斯能成为历史传奇的主要原因。

王阳明说："人生大病，只是一傲字。为子而傲必不孝，为臣而傲必不忠，为父而傲必不慈，为友而傲必不信……人心本是天然之理，精精明明，无纤介染着，只是一无我而已。胸中切不可有，有即傲也。古先圣人许多好处，也只是无我而已。无我自能谦，谦者众善之基，傲者众恶之魁。"王阳明将谦虚定义为所有善的基础，把骄傲定义为所有恶的开端，足以令人警醒。而要做到谦虚，就必须放下自己，就像西乡隆盛说的那样，放下过分爱己之心，向"无我"的境界努力。

回顾人类几千年文明史，那些建立了丰功伟绩的历史伟人也只是沧海一粟，是历史长河中的一个小片段，真可谓"大江东去，浪淘尽，千古风流人物"，各领风骚几十年而已，更何况我们这些平凡人取得的一些微小成绩？犹太人有句谚语，"人一思考，上帝就会发笑"，就像小孩一认真大人就会发笑一样，表示人类相对于时代的渺小。所以稻盛先生说："真正的成功者，尽管胸怀火一般的热情，有斗志，有斗魂，但他们同样也是谦虚的人、谨慎的人。"我们现在很多人过分强调自己的"面子"，不肯接受别人的建议和批评，有一种稻盛先生批评日航员工时说的"虚荣的自尊心"，这是非常不可取的。尤其是人在取得一定成绩后，更应该时刻提醒自己"要谦虚，不要骄傲"。稻盛先生说："人一旦成功，总会骄傲。即使过去是十分谦虚的人也会变得傲慢起来。这样的话，他的人生观也会随之不断变化。一般人都会这样。”我们有些许进步后更要记住“满招损，谦受益”，这一点非常重要，所以稻盛先生将他的前辈和榜样松下幸之助先生说的“一辈子当学生”作为自己人生的信条。

当然，任何事情都有两面性，我们在谦虚的同时也不能忘掉自信，不是别人要你向右转你就向右转，要你向左转你就向左转，谦虚并不是盲目顺从，而是抱着谦虚的态度，如实承认自己的不足，虚心学习别人的优点，努力奋斗。但是，不能只为“五斗米折腰”来做事，更不能丢掉自尊。稻盛先生在工作的第一家公司被新任领导看不起，领导将他的努力钻研看作白费工夫，把稻盛先生花费很大心血研发的项目轻易就转给别人做，虽然稻盛先生那时没有什么个人积蓄，也没有想好下一步要做什么，生活压力很大，但出于对自己能力的自信，也为了维护自己的尊严，他毅然辞职。这就是徐悲鸿先生说的“人不可有傲气，但不可无傲骨”，做人也需要这种精神！

三、要每天反省

稻盛先生六项精进的第三条是“要每天反省”。要想使自己的心灵远离过度的物欲牵引是非常不容易的，所以王阳明才会感叹“破山中贼易，破心中贼难”，他“格物”的方法就是时刻检查自己心中是否有私心杂念，发现有就马上自我反省去克除它，王阳明为此终身刻苦地修行。

稻盛先生在结束每天繁重的工作之后都要对自己一天的行为进行反思：今天有没有让人感到不快的行为？待人是否亲切？是否傲慢？有没有卑怯的举止？有没有自私的言行？如果有，就要在内心作检讨并下决心不再犯，这就是磨炼灵魂、提升人格。抑制自己的邪恶之心，让良知占领思想阵地，这个过程就叫作“反省”。泰戈尔曾写道：**“在我们每个人的心里，卑怯的自我和高尚的真我同居。”**所以我们必须天天反省，就像我们每天都要洗脸吃饭一样，人生缺乏反省，成功即成失败之母。曾子说：“吾日三省吾身。”神秀大师也说人的心灵要“时时勤拂拭，勿使惹尘埃”，有德者所见相同。

四、活着，就要感谢

稻盛先生六项精进的第四条是“活着，就要感谢”。感谢、感恩之心是人类幸福的源头，因为一个人只有在怀有感谢、感恩之心时才会与人为善，才会尽心尽力工作，也才会有幸福的生活。2000多年前古罗马哲人西塞罗说过：“**感恩不仅是最伟大的美德，也是所有美德之母。**”

我们现在很多人之所以常常感到不满足，缺乏感恩之心，主要是因为大家只在意自己没有得到的东西，而忽略自己已获得的东西的珍贵，认为得到的东西都是理所应当、无所谓的；而失去的东西却是自己最应得到的，并且是最好的。但**实际上我们应该抱持的态度是：任何得到的东西都不是“理所应当”的，所有自己获得的东西都是“难能可贵”的，就连我们认为最“理所应当”拥有的生命、健康、父母之爱也是如此，这才是真实的事实。**

这方面有一个很好的代表人物——美国股神巴菲特。巴菲特一直说他在卵巢里就中了六合彩，他为什么这么说呢？巴菲特说：“我的好运愈发凸显，因为我生活在市场经济体制下，虽然它有时会造成扭曲的后果，但总体而言还是造福了美国人民。在我工作的经济环境中，国家用奖章奖励在战地拯救战友生命的人，学生父母以感谢信的形式感谢伟大的老师，而对那些发现低估值证券的人却以数以亿计的美元奖励之。简单来说，命运垂青哪部分人实在是件令人难以琢磨的事。**我和我的家人对于我们不同寻常的好运的反应不是愧疚，而是心存感恩**。”正是怀着这种感恩之心，巴菲特家族决定捐赠出 99% 的财产造福社会。绝大多数人如果拥有巴菲特那样的成就，可能都不会像他那样想，他们会认为这些都是自己理所当然天生拥有的，没有任何需要感恩的理由，发现低股价股票大发其财更是通过其努力获得从而值得吹嘘的事，直至变得贪得无厌、目空一切，但最终很可能会落到巴菲特所说的悲惨境地：“你占有的越多，反而往往被物质所占有。”

顺丰创始人王卫先生说：“珍惜你的家人和朋友，珍惜你所在的公司，珍惜你的国家。这个世界上没有理所应当的拥有，心存珍惜，你终究有一天会看到幸福的面孔。”

稻盛先生说：“我们不可能单身一人生活在这世上。空气、水、食物，还有家庭成员、单位同事，以及社会，我们每个人都是在周围环境的支持下才能生存。不，**与其说是‘生存’，不如说是‘让我生存’**，所以，我们要感谢周围的一切，这是理所应当的。”儒家文化非常强调感恩之心，提倡“百善孝为先”，如孟子的“尧舜之道，孝悌而已”，是感恩之心的最好体现，一个人最应该感恩的人首先是父母，无论自己的父母是贫贱还是富贵，丑陋还是英俊。因为没有人比父母对自己付出的多，包括自己的生命。很多不孝的子女却把这最珍贵的父母之爱认为是本该如此，父母无论怎么牺牲付出都是应该的、理所当然的，稍有不如意就肆意抱怨，把父母当作出气筒；有的人因为父母的平凡而看不起他们，甚至觉得这是老天对自己的亏待，毫无感恩之心，长大以后不仅对需要照顾的父母不闻不问，而且想尽办法“啃老”，甚至虐待父母，真是禽兽不如。

“孝”“悌”也是过去儒家选取官员首先要考虑的优秀品质，如果一个人连对自己恩情最大的父母都不去孝敬，连兄弟都不友爱，想让他去治理好一方百姓，和同事精诚合作，危难时为国尽忠是不可能的。《论语》上说：“孝悌也者，其为仁之本与！”意思是说，孝敬长辈、友爱兄弟是“仁”的根本，所以古代将推行儒家思想王朝的统治称为“孝治天下”。管理公司也是同样的道理，一个没有孝心的人是做不好事的，因为这个人没有感恩之心！

一个人如果懂得感恩就不会牢骚满腹，就会带给别人快乐，不断地用语言和行动表达对别人的感谢之情，那么，别人也会心情舒畅，这样就营造出一种和谐快乐的气氛。稻盛先生说：“不管多么微不足道的事，我们都表示感谢，这是最优先、最重要的。‘谢谢您’‘感谢您’这样的话威力很大。它将自己带进一个高尚的境界，也能给周围的人带来好心情。‘谢谢’这个词是万能药。”所以，请一定记住：活着，就要感谢！

五、积善行、思利他

这一条是稻盛先生经营哲学“利他之心”的核心，大家可以从“六项精进”的前几条中看出，稻盛先生的思想和修行逻辑是非常连贯的。首先，“持续付出不亚于任何人的努力”就可以“全身心投入工作，就没有空胡思乱想”。就是说，竭尽全力，拼命工作就能磨炼人的灵魂。而**磨炼灵魂，就会产生利他之心，就会蒙生出好心善意，萌生出关怀他人的慈悲之心**。其次，要求自己保持谦虚的品格，每天自省，时刻怀有感谢之心，所以“积善行、思利他”就成为自然而然的行为。

稻盛先生一直强调，世间存在因果报应的法则，他经常引用日本著名思想家、汉学家安冈正笃先生的著作《命运与立命》来说明他的观点：“在这个世界上，存在着因果报应法则，如果多做好事、善事，那么家人、家族有好报不必说，这种好报还会贯穿你的一生。利他的行为，就是以亲切、同情、和善、慈悲之心去待人接物，这非常重要。因为这种行为一定会给你带来莫大的幸运。”

稻盛先生把这条法则也称为“宇宙的意志”，他认为宇宙从古至今100多亿年，按现代物理学家指出的，宇宙最初只是一小撮超高温、超高压的基本粒子。突然发生的大爆炸，使宇宙得以产生，直到现在，宇宙还在持续膨胀。一小撮的基本粒子为什么会产生如此巨大的宇宙呢？稻盛先生认为其中含有“宇宙的意志”。他说：“决不做片刻停留，决不安于现状，而是不断推进万事万物向前发展进化，我觉得可以把这样的大趋势称作‘宇宙的意志’。”“积善行、思利他”这种助人为乐、帮助别人发展的利他行为是符合“宇宙的意志”的行为，其结果必会使自己得到老天的回报，取得美满人生。这和《易经》中的“地势坤，君子以厚德载物”有异曲同工之妙。而像希特勒、东条英机这些反人类的魔王因为残害人类、逆天行事，即使有再大的才能也因为与“宇宙的意志”相违背，必将遭受失败，历史也充分证明了这一点。

但稻盛先生非常反对“小善如大恶”式的助人为乐，他一直用“溺子如杀子”的例子做比喻来说明什么是小善，及其巨大的危害。稻盛先生说：“在需要作出判断的时候，不能感情用事，判断的基准是‘大善’还是‘小善’，这才是问题的关键。”稻盛先生曾用他亲身经历的一个事例来说明这件事，在稻盛先生还在经营京瓷的时候，有一天晚上一名员工带着他的父亲急匆匆地赶到稻盛先生家里，说他父亲遇到了很大困难，希望稻盛先生能借钱帮助他们渡过难关。稻盛先生向员工父亲详细询问了事情产生的原因和后果，然后明确对这名员工和他的父亲说："我不能借给您钱，因为这样只能使您陷得更深，您只能自己面对曾经犯过的错误，彻底改过来，渡过这个危机。"多年以后，那名员工和他的父亲见到稻盛先生后都衷心地感谢那天晚上他的"绝情"，使他们真正看到了事情的本质并下决心改正，从而有了后来的幸福生活。

六、不要有感性的烦恼

稻盛先生六项精进的最后一条是“不要有感性的烦恼”。没有人不犯错误，所以我们经常会反思、后悔、不甘心，这都是人之常情。但是稻盛先生说：“要对过去的事进行深刻的反省，但不要因此在感情和感性层面上伤害自己，加重自己的心理负担。要运用理性来思考问题，迅速将精力集中到新的思考和新的行动中去。我认为，这样的人能开创人生的新局面。”

在这方面西乡隆盛曾给稻盛先生很好的启示和教导，西乡隆盛说：“改过时，知己之误，即善也。其事可弃而不顾，即踏一步。思悔过，患得失，欲补缮，同碎茶碗集其片者，于事无补。”稻盛先生对其理解是：“改过之时，只要明白自己之误就好，即可将此事抛诸脑后，立即向前踏进一步。如果总是为已发生的过失而悔恨，为遮掩或补救而费心劳神，这便如同打破茶碗后收集碎片，完全于事无补。”

要做到这一点必须要有豁达的人生态度，无论经受什么打击，甚至是很大的丑闻，抑或让自己及家庭成员、朋友蒙羞的事，都要拿出勇气面对现实，重整旗鼓。稻盛先生在经营京瓷时，有一次将人造陶瓷膝关节运用到病人治疗前没有严格按照日本厚生省的要求进行审批，引起了媒体和民众对他和京瓷的很多非议，甚至批评："京瓷在没有得到厚生省批准的情况下，销售陶瓷膝关节赚钱。在人命关天的医疗领域，为做生意而销售未经许可的产品，这样实在太缺德了。"但实际上稻盛先生当时决定快速在实际医疗中投入人造膝关节，主要是响应医生的强烈需求，为了解决患者的病痛。而这种带有人身攻击式的批评不仅伤害了稻盛先生的声誉，就连京瓷的员工、家族成员的名誉也受到很大伤害。稻盛先生心里一度非常痛苦，到他的佛教老师西片担雪那里倾诉苦恼，但担雪老师却对他说："稻盛君，之所以你会感受到这样的苦恼，是因为你还活着。这不是件好事吗？你现在倒霉，这是你过去犯下的罪孽所致，这是一种因果报应，但原因招致的结果发生时，原因也随之消失，就是'业'消失了，而你不是还活得好好的吗？京瓷也还是一派繁荣景象，应该庆祝一番才对啊！"担雪老师的话使稻盛先生豁然开朗，让他快速走出这次巨大打击的阴影，并对于苦难的意义有了更深刻的认识。

无论遇到多么大的困难，我们都要抱着积极的态度面对，一定要懂得无论任何事都要能够放下，不管是好事还是坏事，因为那都属于过去。只有放下思想上的包袱，才能开动行动的机器，才能取得好的结果。

稻盛先生说，就是胜利也应该总结后把它迅速忘掉，如果处理不好也会成为“感性的烦恼”，我们很多人在得到一些成绩后沾沾自喜、患得患失，从而变得因循守旧、不思进取，使好不容易得来的一些成果迅速丧失甚至变得更坏。

对于大家最在乎的财富，稻盛先生说要“取之有道，散之亦有道”。即使是通过自己辛苦努力获得的财富，也不可将它们看成纯粹自己私有的财产，一心只为挣钱，成为财富的奴隶。或者，得意忘形、任意挥霍，这样不仅会给自己包括家庭带来伤害，而且可能会给社会带来不好的影响或灾难。在此方面，包括比尔·盖茨、巴菲特等世界顶级富豪也持同样的观点，他们都认为自己此生获得的巨大财富虽然有自己努力的成分，但实际上是命运的眷顾，财富是社会的、公有的，自己只是代管而已，最后一定要将财富回报给社会。这些富豪即使在拥有巨大的财富后仍然能保持谦逊、节俭的生活态度，对慈善公益事业投入了巨大热情。稻盛先生将自己大部分的财富捐献出来成立京都奖，以鼓励对人类科技、人文做出贡献的杰出学者。盖茨、巴菲特等富豪将自己的财富基本全部捐献出来成立基金会，救助那些应该被救助的人。

稻盛先生说：“所谓幸福，其实是一个非常主观的存在。我觉得一个人是否能够感觉到幸福，完全取决于当事人的心态，并没有任何普遍的标准。”一个人要感觉到幸福，首先就必须要有成就感，但如何定义成功，这就是一个非常主观的概念。巴菲特在古稀之年给学生们讲自己如何定义成功时说：“当你们到了我这个年龄，你们衡量自己成功的标准就是有多少人真正关心你们，你们也希望得到他们的关心。我认识一些非常有钱的人，他们举办庆功宴会，修建以他们的名字命名的医院辅楼，但事实上世界上根本没有人关心他们。如果你们到了我这个年纪，却发现没有人对你们有好感，不管你们的银行账户上有多大数目的存款，你们的生活依然是不幸的。”这就是我们的“穷得只剩下钱了”的悲剧。

要真正做到“不要感性的烦恼”，就必须不断提升自己的心性，拥有知足之心，努力磨炼心性，向“不以物喜，不以己悲”的那种高尚、超然境界迈进。

第六章

管理会计系统和阿米巴管理

稻盛先生用管理会计系统的概念和我们平常所说的以资产负债表为主要内容的财务会计系统作区分，他认为以资产负债表为主要内容的财务会计系统，主要是给审计公司、股东、股市管理部门等外部相关人员和部门看的，目的是看企业运营是否正常，评判企业经营的好坏。而稻盛先生以自己的“会计七原则”为基础搭建的管理会计系统，是给企业内部各级管理者管理企业的，它将稻盛先生经营哲学的关键理念融入其中，转变成企业制度来规范、把控企业行为，实际是经营哲学在企业经营中的具体体现，是经营企业之舵。“阿米巴经营”是稻盛先生自创的一套管理组织模式和运营系统。

稻盛先生用经营哲学打造公司的企业文化和思维方式，用管理会计系统将它具体化组成了企业的管理系统，用阿米巴经营搭建了一个企业的组织架构。如果把一个企业比作一个人，企业经营哲学是人的心脏，管理会计系统是人的神经控制系统，阿米巴经营则是人的肌肉和骨骼。对于“管理会计系统”和“阿米巴经营”，现在已经有很多专业书籍对其进行介绍，尤其是稻盛先生所著的《经营与会计》和《阿米巴经营》两本书，更是将两套系统的详细运作方式进行了阐述，所有希望学习和应用这两套系统的经营者都应该将这两本书作为自己行动的指南。本书不对这两套系统的具体运作方式再做赘述，而是将作者理解的两套系统所要实现的核心目的及实施中最需要的点列出，和各位读者探讨，希望对大家有所帮助。

一、管理会计系统

首先我们讨论“管理会计系统”，为什么说它将稻盛先生的经营哲学在企业经营中进行了具体化落实？下面我们就具体探讨一下稻盛先生的管理会计学，看它如何将稻盛先生的经营哲学落实在企业具体的经营中。

稻盛先生经营会计的出发点就是稻盛先生的基本思维方式，也是稻盛先生经营哲学的出发点：**依据原理追求事物本质，以“作为人，何为正确”进行判断**。

稻盛先生作为一个理科生开始经营企业，在会计方面是一个门外汉，开始经营时连基本的资产负债表都看不懂。而当时在日本大多数经营者都认为会计是专业人员要了解的事，经营者只要听听汇报，按照常规去做就可以了，会计对实际经营起不了作用，只要不出错就可以了。但稻盛先生的思维方式是：从不将大家认为的所谓常识作为自己行动的指南，而只将任何人看来都正确的原理原则作为判断的基准。在日常经营中，稻盛先生绝不盲目地去迎合会计的常识和习惯，而是要问清楚什么是问题的本质，回归会计的原理原则进行判断。在一次次和会计人员的争论中他逐渐认识到会计的重要性，也看到了传统会计的很多弊病：核算严重滞后于经营，很多核算规则不合理，内容过于专业化使大多数企业管理者看不明白等。这些重大问题不仅会大大削弱会计管理在企业经营中的作用，甚至还会对企业经营者的决策和员工的行为造成误导，更不会对企业经营原点“销售最大化、费用最小化”有所帮助。

通过稻盛先生一次次的质疑，财务人员也开始思考问题的本质，慢慢认识到稻盛先生观点的正确性，所以稻盛先生就和他的主要助手斋藤明夫先生，一同依据京瓷哲学并结合京瓷日常经营实践中的会计问题编写出《会计七原则》，并以此搭建了京瓷管理会计系统。斋藤先生将京瓷会计学的本质称为“从京瓷哲学中诞生的会计思想”，即体现稻盛先生依据原理原则判断的基准：不盲从，不跟风，一切以事实为依据。

比如，按照京瓷设备实际的使用年限将政府统一规定的12年设备折旧期改为6年计算，把当时日本税务部门认为有商业价值，但实际很难卖出变现的库存商品直接报废清零处理等。这样虽然企业的报表短期会承受很大的压力，有时经营数据不会很好看，而且政府相关部门也会提出很大的质疑。但稻盛先生认为这是企业经营的实际情况，所以会计必须这样如实反映，这样才是一份合格的会计报表，也才能实现稻盛先生提出的“筋肉结实的经营”。再如，为了实时反映企业经营情况，稻盛先生大大简化会计报表并让一线员工每天填写，这在很多专业人员看来是很不严肃的事情，但其却是发挥会计在企业中作用的关键举措，无论谁反对他都坚持这样做。稻盛先生还有很多根据实际经营情况对传统会计做出的有意义的调整，后面我们会结合稻盛先生会计学的特点进行详细介绍。**稻盛先生“管理会计”的第一个特点就是依据原理原则，实事求是地反映企业经营的实态，成为企业管理者的经营之舵，为企业健康运行保驾护航。**

稻盛先生“管理会计”的第二个特点就是体现“道”，即稻盛先生的经营哲学中核心的“诚实、真实”。企业经营中最“诚实、真实”的就是现金，因此稻盛先生的管理会计围绕的中心就是现金，换言之，就是把经营焦点放在现金的流动上，实实在在的现金是企业重大决策的依据，依据事物的本质，实事求是地经营企业。

稻盛先生管理会计系统中的第一条原则：“现金本位经营原则”就体现了他的这个核心思想，奠定了诚实经营企业的基础。一个经营者用什么来评价自己企业运作的好坏，对于企业的发展至关重要，也反映出他的经营理念和哲学，因为这会决定经营者的判断和行动。在这方面主要有三种不同的观点，有些经营者认为企业规模最重要，所以最关注规模，用规模指标指导企业的方向；有些经营者认为企业利润最能反映一个企业的运营水平，所以把它作为决定自己判断的依据；而稻盛先生认为现金最能反映一个企业的实态，**他不是用通过各种会计程序计算出纸上的“规模”或“利润”来决策企业行动，而是根据手上确凿无疑的现金来执掌经营之舵**。稻盛先生说：“会计为企业经营服务，就必须以现金为基础。应该回归会计的原点，关注原本最重要的‘现金’，以此为基础进行正确的经营判断。”

首先，稻盛先生之所以要以“现金”为企业经营最重要的决策依据，是因为企业的“现金”数字是最真实和可靠的。一个企业的“规模”可以用虚签订单等多种方式造假，“利润”核算方式各企业也有各企业的做法，不同的做法会造成利润数字的巨大差别，包括稻盛先生一直提到的库存、设备折旧如何计算等问题，都会使利润数字变化很大。但是“**手上确凿的现金**”是最难做假的，而且是最直观、最没有歧义的。一个公司可以配合另一个公司做假合同去虚增销售或利润，但极少有人会将真金白银放到别人账上去帮别人做假账，这样做假成本和风险太高。而且稻盛先生又用《会计七原则》中的“一一对应”“筋肉坚实的经营”“双重确认”“玻璃般透明的经营”等原则，以最严格的经营态度和制度确保“现金”数据的真实性，从而实现其要求的：“经营数据不允许有任何人为操作，它必须反映企业的经营实态，它必须唯一真实。”**依靠最能反映企业经营实态的“手上确凿的现金”，而不是会计报表上的“利润”作决策将是经营者正确决策的前提。**

其次，以现金为主的经营数据的准确会保证企业有很高的道德水平，因为数据准确是企业考核公平的前提，没有比现金更清晰和准确的数据了，公平的考核会让企业保持良好的风气，凝聚人心，这是企业经营中最重要的事。

最后，现金是一个企业最真实的依靠，企业经营第一目标是要保证企业安全、稳定、可持续发展，而企业拥有充裕的现金是实现此目标最重要的条件之一，也是企业有能力抓住机会扩大经营的保证。稻盛先生经常说："银行只会在晴天里给客户借伞。"意思是：在企业危难时想依靠外力渡过难关是很难的。稻盛先生一直要求企业要有高收益率，要保持高的现金储备，要有高的自有资产率，这也是松下幸之助先生说的"水库式经营"的真谛。

在稻盛先生领导京瓷期间，公司一直保持着 70% 以上的自有资产率，而当时日本企业界能达到 30% 自有资产率的企业已经很好了。此外，京瓷还保持着非常高的现金持有率，虽然西方很多企业家和金融家对稻盛先生保留那么多的现金却不做理财投资颇有微词，但稻盛先生始终不为外力所动，坚持自己的原则和做法。稻盛先生做京瓷社长时经常对员工说："请大家放心京瓷的安全，即使遭受非常大的灾害，京瓷在没有任何收入的情况下也能很好地生存两年以上。"京瓷拥有充裕的现金储备，稻盛先生所带领的京瓷，在几十年间甚至在全球石油危机、日元升值等几次对日本企业冲击巨大的危机中都从未裁员，而且还能保证薪资、奖金的正常发放，这在全球企业界可以说是非常少见的。

在这一点上，比尔·盖茨先生和稻盛先生可以说是英雄所见略同。盖茨先生在刚创建微软时，看到一位重要客户因为现金流枯竭而致公司倒闭，这对他刺激很深。从那时开始，盖茨先生形成了一种按他的说法是保守得令人难以置信的观点："我希望银行账户上有足够的钱来支付员工一年的薪水，即便我们没有任何收入。"直到盖茨先生离开，微软经营时都没有改变这个观点。目前新冠肺炎病毒正在全球肆虐，很多国际知名企业倒闭或大规模裁员，中小型企业更是"尸横遍野"，使我们更理解企业现金流的重要，也更佩服稻盛、盖茨先生的睿智和洞见。

因为有足够庞大的现金储备，所以在新的技术出现时，京瓷总能够及时投入、抓住先机，包括一些挑战性较大、需要长期投入的项目，比如太阳能发电等需要很多年连续投入的产业，也因为京瓷充裕的现金支持得以成功。尤其当稻盛先生创建 DDI 挑战 NTT 时，当时京瓷已拥有 1500 亿日元的现金储备，在京瓷董事会大多数人反对参与电信竞争的情况下，稻盛先生说："京瓷现在有 1500 亿日元现金储备，而且有很好的经营情况，请允许我用其中 1000 亿日元去向 NTT 发起挑战，即使不能成功，京瓷的生存和发展也不会受到影响。"董事会认为稻盛先生说得有道理，而且感觉稻盛先生已经考虑成熟，就同意了他的计划。稻盛先生说，当时京瓷如果没有充裕的现金储备，他是不可能开创 DDI 这样有挑战性的事业的，那样 NNT 对日本通信领域的垄断不知何时才能被打破，世界企业历史上也将失去一个传奇案例。由此可见，现金无论是对一个企业的“守业”还是“创业”，都是最重要和最真实的保证。沃伦·巴菲特在总结现金对企业和人的重要性时说：“**现金流对于企业和个人都如氧气般重要**，不要只考虑当下，要有忧患意识，两手空空该怎么办。当账单到期的时候，只有现金能帮上忙，千万不要打无准备之仗。”

稻盛先生管理会计第三个特点就是“简洁、清晰”。稻盛先生认为，会计统计表是给企业内没有学过专业会计学的管理者用的，甚至要求所有员工都可以看懂，并要求统计表必须简洁、易懂，所以他采取了传统的“家庭记账法”的形式来做日常会计统计，这样即便一个没有学过会计专业的人也可以填写和读懂它，从而快速看出问题并采取行动。

但稻盛先生非常反对“盖浇饭式的笼统记账”，他的会计记账系统严格要求按每个阿米巴分产品进行销售和利润核算，每个阿米巴、每个产品分门别类地统计出销售额、利润额、所占用的资源等，稻盛先生认为这才是合格的会计报表。通过这样清晰的报表，每个阿米巴、每个产品的问题将自动地凸显出来，哪些阿米巴盈利，哪些阿米巴亏损，哪些产品盈利，哪些产品亏损，为什么盈利，为什么亏损，一目了然。将各种费用尽可能地细化，在每个阿米巴和产品中全部进行分摊，尽量真实地反映阿米巴和产品的实际盈利情况，这样经营压力就会自然传递，这也是阿米巴运营的基础。稻盛先生一直将会计数字比喻为飞机驾驶舱仪表盘上的数字，要各司其职，一目了然，**清晰、准确的数字自己会说话，它引导经营者准确无误地到达预定的目的地**。它必须是“简洁”“易懂”的。

稻盛先生的管理会计的第四个特点是“即时、快”。传统财务管理系统一般是一个月做一次，在一个月经营结束后的一个月甚至两三个月才会做好，规模越大的公司越慢，这也是我们看到上市公司一般会推迟两三个月公布年报、季报的原因。但稻盛先生认为，会计系统一定要实时地反映企业经营情况，这样才能对经营者的判断有所帮助，所以他要求每天各个阿米巴巴长填写自己阿米巴的经营数据并上传公司，公司经营者和管理者通过每天各阿米巴巴长上报的会计数据，掌握公司或部门实时的运行情况，如果觉得哪个阿米巴有问题，就直接打开该阿米巴的会计报表进行查看：销售额不够，费用花多了，人员工作量不够，问题将会通过会计数字清楚地显现出来，以便经营者和管理者及时予以指导。

因为数据每天都要填写上报，数据异常变化就很容易引起相关人员和部门的注意，如果有问题也会及时暴露出来，不会因疏忽酿成大错。每个阿米巴巴长自己填写、核对数据，所以他们更能理解数字背后的经营问题，从而快速采取行动。每天填写数据进行上报对经营结果不好的阿米巴巴长是一个压力的传递，所有阿米巴的经营数据都是对包括临时工在内的全公司人员公布的，这样做得不好的阿米巴成员会更有压力，员工会更加关心自己及公司的经营数据，**培养员工对经营数据的敏感性是提高公司效率的重要方面**。

因为每个经营单位包括总公司的数据都是每天计算和累计的结果，到月末只加上最后一天的业绩就可以了，所以每月、季度、年度的报表也会很快出来。在京瓷已经达到几万人规模，成为销售额上万亿日元的世界级企业时，月报仍是在第二个月开始的十天内做完，相比其他类似规模的企业大概需要两个月或更长的时间，效率真是高得惊人，而企业经营的成败就在于运作效率的高低，所以京瓷才能够不断胜出，成为世界精密陶瓷领域第一的公司。

稻盛先生管理会计的第五个特点是：它是企业风险控制的防火墙、保护员工不犯法的防护栏和凝聚人心的纽带。任何企业做假或出现经营问题都需要会计系统配合或在会计工作上露出蛛丝马迹。稻盛先生充分地看到了这一实质，所以他制定了“一一对应原则”“双重确认原则”和“玻璃般透明的经营原则”等会计准则。

“一一对应原则”要求企业在运行期间的每个瞬间都要做到现金、票据、货品一一对应流动，不是像很多企业只在月末或重要会计时间节点才使三者一一对应，而是强调每时每刻！这就极大地避免了一些人员通过虚签订单等方式造假使业绩或利润虚增的漏洞，确保了经营安全，也避免了由于种种原因引起的三者不对应，而造成企业经营数据忽高忽低的“过山车”现象，因而最真实地反映了各经营单位的经营实态，保证了企业考核的公平。而考核的公平对一个企业至关重要，因为它关系到建立员工正气和树立企业良好风气。

“双重确认原则”要求公司所有的现金、票据、公章、采购甚至废料处理等都必须由两人以上经手。稻盛先生哲学的根基是“以心为本的经营”，他认为：“一方面人心具备强大的力量，另一方面人心也有脆弱的方面，无意中的一念之差，就会让人犯下错误。因此，要贯彻‘以心为本的经营’，要保护员工，就要注意到人心脆弱的一面，这是设计‘双重确认原则’的初始动机。”实际上就是要创造一种不让员工有犯罪机会的工作环境，使员工在企业里能健康成长，从而保证企业安全经营。

稻盛先生的“玻璃般透明的经营原则”是保证企业正大光明经营的重要原则，要构建“以心为本”的相互信赖关系，就要把企业经营放到众人的监督之下，尤其是企业最高经营者和各级管理者的行为，而财务透明化是其中最重要的一个方面。稻盛先生要求将企业经营详细数据和公司的整体状况、前进的方向和目标，包括公司遇到的困难及经营上的难题尽量让更多的员工甚至临时工了解、共有。稻盛先生说：“从公司干部到普通员工，经营必须‘透明’。就是说，不仅经营者要对公司的状况了如指掌，而且员工也能知道经营者在做什么，包括资金花到了什么地方，这就是所谓的‘玻璃般透明’。”

这一点可能会受到我们很多经营者的反对，大家一方面会认为这样可能会使企业经营信息泄露，使企业的经营战略和机密被竞争对手获取从而对企业不利；另一方面认为企业经营者和员工信息共享可能会降低经营者在员工心里的地位，因为很多管理者认为上下级中的信息不对称是建立管理者权威的重要手段。但稻盛先生认为，真正的企业机密信息应该很少，对这些机密信息的保密不会妨碍企业建立玻璃般透明的经营，而且**让员工尽可能多地知道公司的整体状况、前进的方向和目标，对于提高公司的道德水准，形成公司的合力，尤其是加强经营者和员工的信赖关系，让员工朝着正确的方向奋进是不可或缺的，凝聚员工的力量就是增强公司的力量**。稻盛先生甚至说："即使发生了'不良'事件，也要鼓起勇气立即对外公布，这样做反而会增加员工、客户对公司的信任。遭遇困难要从正面面对，最好将如何切实解决问题的措施实事求是地告诉相关者。"

建立"玻璃般透明的经营原则"也是阿米巴良好运行的基础，我们将在后文"阿米巴经营"一节中对该原则进行详述。

对于大家的第二点反对意见，稻盛先生一直认为领导者要靠自己的"经营哲学"和行为去获得员工的信任和尊敬。稻盛先生提倡领导者和员工尽量多接触，坦诚交流，他一直反对故弄玄虚式的领导方式。京瓷美国分厂刚成立时，稻盛先生到分厂指导工作也是尽可能在时间允许的情况下，穿着普通员工的工作服到生产线和大家一起参与劳动。当时美国分厂的厂长认为这样毫无保留地到员工中间去从事最普通的工作，会让稻盛先生失去神秘感，会让员工看不起，从而降低稻盛先生社长的威信。但稻盛先生依旧坚持这么做，在员工看到真实的稻盛先生后不仅没有降低稻盛先生的威信，反而因为增强了员工对他的了解使他获得了员工的信任和爱戴。

美国最成功的互联网公司谷歌在每个星期五都要举行TGIF[①]派对，在这个派对上，所有谷歌员工都可以和创始人对话，除涉及法律层面必须保密的事情外，员工可以不受限制地提出自己的问题，包括董事会上董事们做了哪些战略讨论，公司有哪些决策，以及做出这些决策的前因后果。这正是稻盛先生提出的“玻璃般透明的经营”的良好体现，这种开放文化以及公司内部浓浓的公民意识也是谷歌创新精神的基础。

以上，我们将稻盛先生会计学的五大特点进行了简要的汇总，希望大家能以小见大，对稻盛先生的会计学有一个基本的认识，因为这是稻盛和夫经营学的核心之一。稻盛先生说：“会计将成为‘现代经营的中枢’。因为经营者必须正确掌握企业活动的真实状态，才有可能带领企业长期持续地发展。”

规模越大的公司其会计系统对公司管理的重要性越高，

---

① TGIF是“Thank God，It’s Friday”的简称。

小米公司在拓展海外市场初期经历过很大波折，曾经因为管理不善遇到了价值 10 亿元人民币的手机库存无法被消化的巨大危机，经过多方努力终于在付出一定代价的情况下化解了这次危机，事后小米创始人雷军先生总结经验时说：“我这时开始理解所有的全球化大公司其实都是用财务和法务对公司进行管理。”

稻盛先生对于会计在企业经营中的定位，以及其独创的以“会计七原则”为基础的管理会计系统是对现代企业管理的重大贡献，他提升了会计学在经营企业中的地位，使我们有了最直接、最真实、最快速的抓手去把握企业运营的实态，去指导我们的行动，并保证企业光明正大地发展、员工健康快乐地工作与成长。在谈到正确的会计学对企业的重要性时，稻盛先生说：“我认为，京瓷之所以没有走弯路，顺利发展至今，就是因为以正确而坚定的经营哲学为基础，明确了会计的思维方式，构筑了有效的会计体制，确立了光明正大的企业风气。”

二、阿米巴经营

“阿米巴”在生物学上指一种单细胞原始生物，它具有非常强的生存适应能力。稻盛先生借助它的顽强生命力和对外界超强的适应力来说明企业应该具有的特性。**所谓阿米巴经营，稻盛先生说：“就是把组织划分成一个个小的团体（阿米巴），让它们各自独立核算，同时在公司内部培养具有经营者意识的领导人，让全体员工参与经营，实现全员参与型经营。”**

阿米巴经营和传统管理理念第一个很大的不同就是阿米巴是将部门细化，而现在很多企业为了打破部门壁垒、减少内耗，则是在不断地合并部门，做大平台统一领导。但很多情况下，合并部门看似减少了部门间“扯皮”，提高了效率，却可能只是将二重唱或三重唱改为大合唱，只是将问题掩盖起来了，造成看似一团和气，实际上是大量人员滥竽充数的更差效果，使事情做好做坏都很难找出明确的责任人。很多公司费用的花销只能落到部门，而因为是大部门，人员众多无法细分到具体个人从而造成“大锅饭”现象，使企业追求的精细化管理的目标落空。而且因为部门人员众多，企业对领导的素质要求很高，一旦选错领导就会给公司造成非常大的危害。同样因为领导少，员工获得提拔的机会就会少，很多员工因为得不到职业成长而被迫离开。又因部门人数众多，领导的管理颗粒度降低，很多员工会感觉被边缘化，自己的意见、建议不被重视，尤其是一些有能力但表现欲差的员工更缺少存在感，使公司的凝聚力下降，公司的愿望是全员参与经营，却发现越来越多的员工变成了“当一天和尚撞一天钟”的旁观者。

传统管理方式还有一个很大的问题：几乎所有企业都认为产品是公司收入和利润的源头，认为公司成功的原因为产品是“1”，营销、售后等都是在这个“1”后添加“0”。但在考核上，无论收入还是利润却只由销售部门在承受直接的市场竞争压力，产品部门只是接受经营者或相关管理者制定的成本指标等内部考核，而对于激烈的市场竞争引起快速变动的市场价格对产品收入及利润的压力几乎毫无感觉，这实际上是由于在公司这个温室里成长而不经受残酷市场的风吹雨打造成的，这种现象在大公司里更加明显。

产品部门因为远离市场所以变得越来越迟钝，研发产品不以市场为导向而只为取悦领导或自我满足，逐渐变成了技术官僚机构，致使本该对公司收入、利润承担最大责任和做出最大贡献的产品部门，成了市场竞争的旁观者或掣肘者，研发生产出大量无竞争力的产品，造成公司亏损却毫不自知且乐此不疲。而且，因为产品部门和销售部门没有从市场竞争这个它们本该共同面对的挑战角度去思考问题，造成产品和销售这两个公司最重要的部门产生巨大的隔阂，导致本来应该并肩战斗、荣辱与共的战友，却成了互相内斗的仇敌，有时投入内斗的精力甚至超过对外部市场所付出的努力。公司的经营者在经营目标不能实现时，常常将解决问题的最大努力方向简单、粗暴地放到营销方面，而不找问题的源头，甚至可能在公司利润已经枯竭的情况下花很大的资源做广告、做宣传、做公关，在销售部门已经承受非常大的市场压力下，再给予更大的奖罚措施以刺激营销人员去完成短期任务，从而造成营销部门大量弄虚作假去伪造业绩，形成一片虚假的繁荣景象。这样无异于饮鸩止渴，进而加速了公司灭亡。近几年很多颇有规模的公司倒闭都是这个原因。

很多服务类公司认为自己不提供产品所以不会存在上述问题，这实际上就像稻盛先生拯救的日航一样，虽然日航属于航空服务业，但公司同样会存在负责销售的部门(航空公司制定营销政策和推广的销售部)和产品部(实际的飞行服务执行部门，从接触客户的前台开始)，服务业的产品就是提供的服务，因此也会存在和制造业一样的销售和产品问题。

稻盛先生在京瓷成立之后的前几年经营中充分地体会到了传统管理方式的弊病，为此曾非常苦恼，但经过不断摸索，稻盛先生终于结合他的会计管理系统设计出了阿米巴经营。稻盛先生总结阿米巴管理模式较传统的管理方式主要有以下三大突破。

1. 阿米巴的第一个目的就是确立与市场直接挂钩的分部门核算制度。

在阿米巴经营中，公司内部包括产品线的绝大多数部门，它们都和营销部门一样被划为经营阿米巴，所有经营阿米巴考核的主要指标都是收入和利润。而且，稻盛先生为了减少阿米巴人数不同对考核的影响，制定了单位时间核算的方法，就是将各阿米巴的收入和利润结果除以该阿米巴部门的总劳动时间，来评价每个阿米巴对公司做出的贡献。总劳动时间就是每个阿米巴的人数乘以每人每天或每月工作多少小时，单位时间细化到每小时，通过此核算方式也将精细化运营的目的深入每个阿米巴和每位员工考核中，稻盛先生将结果称为单位时间收入和单位时间附加值，就是每个阿米巴平均每人、每小时为公司创造的销售额和利润贡献值，这两个值清楚明确地反映出每个阿米巴的经营效率。这样就将传统管理中只由销售部门和公司高层管理人员负责的收入、利润问题分解到公司几乎所有人员。

阿米巴系统最具特色之一就是：与各阿米巴收入和利润完成好坏关系最大的价格，不是公司下达的内部目标，而是公司产品当前最新成交价格的直接传递。所有经营阿米巴都是在销售部门签订或确定产品市场最新价格后，根据市场最新定价倒推确定各阿米巴的内部市场定价。内部各经营阿米巴之间的合作，在一定意义上等同于外部公司上下游商业伙伴的合作。和每一单有关系的阿米巴，都要依据销售部门拿到的产品最新市场价，和自己合作的上下游阿米巴商确定内部成交价格。所以这个价格是随着产品对外成交价实时变化的，这样每个经营阿米巴，尤其是作为公司发动机的产品研发部门都要直接承受市场带来的严酷压力，做到不用扬鞭自奋蹄，用市场这只无形之手推动各阿米巴前进，从而也使销售部门和产品部门做到以同一视角看问题，共同面对市场竞争并成为真正同舟共济的战友。

在国内进步最快的互联网公司小米公司，也是目前世界上最年轻的500强企业，在最初发展阶段除工程师写代码外，产品的需求、测试和发布都开放给用户，让用户参与。每周二小米公司会通过自己的MIUI系统，请用户对近期公司发布的功能进行评价，评选出哪些功能是用户最喜欢的，哪些功能令人失望，还有哪些功能正受到广泛期待。小米公司设置一个叫“爆米花”的奖项，用来激励那些得票最高的功能开发者。每周五下午得奖者会把爆米花捧在手里，然后绕办公室游行一圈，这是对开发者最高的荣誉。相对应地，是一个叫作“猪头奖”的奖项，颁发给那些影响用户体验的开发者，猪头是一个绿色的毛绒靠垫，一旦获此“殊荣”，绿色的猪头将放到获奖者的椅子上一周，以起到警示作用。因为所有的评价都来自用户，因此无论是工程师还是产品经理都要面对市场的检验，由此产生了强烈的自驱力，这和稻盛先生的阿米巴用价格将市场压力传递给产品研发部门有异曲同工之妙。

在京瓷，稻盛先生对表现好的阿米巴巴长及成员同样不会给予金钱奖励，而是通过授予奖状和赠送啤酒券或公司的圆珠笔进行奖励，从而让员工将能为公司创造出高的附加值获得荣誉作为对自己最大的奖励，员工也把阿米巴的经营当成经营游戏来享受其中的乐趣。这可能是和我们目前很多公司管理冲突最大的方面，因为现在大家都强调多劳多得，认为如果给公司做出大的贡献，就理所应当地获得高收益，否则就不公平，就是“大锅饭”。

但这看似公平的多劳多得式的考核方式，其实存在很大的不公平，首先大家忽略了一个员工在公司取得的成绩和公司平台的重大联系，尤其是在具有一定规模的公司中，员工会在不同区域从事销售或研发不同的产品，而某个员工所能从事的岗位基本都是由公司决定的，这些岗位的不同在很大程度上影响员工的成绩。新开拓的市场一定比成熟市场的销售工作难做，研发新产品较老产品一定会付出更多，失败的可能也会更大，相应取得的短期成绩可能反而更少。而且很多业绩还和市场、产品固有的生命周期相关，人力是无法改变这些内在规律的。所以过分地对短期业绩进行奖罚看似公平，实际上包含着很大的不合理性，可能会使“雷锋”既流汗又流泪，同时一定会使员工只愿意从事已经成熟的市场区域和产品，而对关系到公司未来的市场和产品的拓展及开发退避三舍，尤其是对一些挑战性大、失败率高的项目更是唯恐避之不及。由于这些现实问题，公司在对员工工作进行合理分配时将面临很大的困难，从而使公司失去持续创新力和内在活力。

再者，一个项目的成功一定要公司很多员工的协同作战，有些员工虽然是无名英雄但起到重要作用，比如对任何产品都非常重要的物流、采购部门，以及人事、财务等运营支撑部门，如果只给直接做出贡献的员工很大激励，必然会使很多协同员工感觉不公从而失去工作热情。

所以稻盛先生说："根据工作成果给予相应的报酬，甚至决定是否雇用。这是一种冷冰冰的理性，是缺乏人性的做法。这种方法或许一时能刺激人的干劲，但要长期持续地激发人内在的积极性是很困难的。而且如果阿米巴的业绩直接与个人收入挂钩，那么员工就会为短期的业绩忽喜忽忧。同时，因为不满和妒忌，会使公司内部的人际关系变得一团糟。"

很多人认为游戏不产生价值，对员工产生不了太大的触动，其实这是一个误区，大家只要看看体育比赛就知道。体育比赛实质上是游戏，却能激发成千上万人、一国人乃至全球人的热情和激情，像世界杯、奥运会这样的世界大赛事更是能创造出巨大的经济效益，甚至能使承办国的经济更上一层楼。所以，是否成功的关键还是在于组织者的规则设定、宣传等，要能充分调动参与人的热情并使之沉浸并享受其中。

在京瓷只要有激情，谁都可能成为"一城之主"，都有按照自己的想法经营一个阿米巴的机会，在此过程中如果做出成绩，就会获得精神上的满足。对于持续取得良好业绩，并具备一定领导才能的领导，会不断得到重用。如果业绩不好，也有被替换的可能。**在阿米巴经营模式下，回报领导人最好的方式就是给予其更广阔的舞台，当然也有相应的物质回报，但这不是很多公司采取的注重短期、急功近利式的奖励，也不是目前最流行的“胡萝卜加大棒”式的考核奖励，而是强调在团队合作的基础上，侧重于长期经得起时间考验的奖励。这种考核奖励实施的前提，还是要以“利他之心”经营哲学在公司很好地落地为基础，否则员工如果像稻盛先生说的做了一点成绩后，就只强调“我啊，我啊”的是很难成功的，这更说明经营哲学是一个企业经营之本。**

大家决不要以为稻盛先生轻视员工的待遇问题，如果那样就和稻盛先生建立企业的目的“为追求员工的物质和精神幸福”背道而驰了。恰恰相反，稻盛先生非常重视这个问题，在京瓷经营走上正轨以后，稻盛先生一直将京瓷的薪资待遇水平定在行业平均水平之上。而且京瓷的高收益使它能保持非常好的现金储备，在各种外界危机事件来临，业界普遍裁员、降薪的情况下，京瓷不仅没有裁员还能保持着正常薪资待遇，甚至是奖金的正常发放，保证员工生活不受危机的影响，这是对员工辛苦工作最真诚的回报。稻盛先生还将京瓷大部分股票分配给了京瓷员工，使员工随着企业的发展获得丰厚的物质回报。管仲说，“仓廪实而知礼节，衣食足而知荣辱”，只有员工通过自己辛苦的劳动获得物质和精神上的幸福时，经营哲学才能真正被员工信服，也才是经营哲学真正落地的最终体现。

中国最成功的投资公司之一——高瓴资本同样采取这种侧重长远的考核奖励机制。高瓴创始人张磊先生说：“我们看重对人才考核的连续性，保证高瓴人能以更长远的眼光看待投资回报。**在激励机制安排上，我们强调长期性，并不简单以短期回报倍数作为考核结果**。”这可能和我们很多人对投资界——这个离财富最近的行业对基金经理的奖励机制的理解不一样，但这正是高瓴资本“拒绝投机，做时间的朋友”这种投资理念的真正落地。张磊先生经常提到看过的一份研究报告：“实验中几个小朋友每人分一个糖果，并被告知如果现在不吃，等到几个小时后大人回来，可以拿到更多的糖果。结果有的孩子忍不住，就先吃了眼前的一个，后来再也没有糖果吃。而能够忍住眼前的诱惑，等到最后的，则得到了几倍的收获。跟踪研究发现，那些儿时展现出自我约束力的小朋友后期成功的可能性更大。在大多数人都醉心于‘即时满足’的世界里时，懂得‘延时满足’道理的人，已先胜一筹了。”张磊先生本人就是“延时满足”的典范，这也是高瓴资本卓越成功的秘密之一。

为了减少内部定价的沟通成本，稻盛先生将销售部门的收入，以成交价格的固定比率核算给营销阿米巴，并称之为内部佣金。例如，在B2B产品销售模式下将销售阿米巴的内部佣金率定为10%，就是将每个订单销售额的10%收入作为销售阿米巴的收入，而剩余的90%收入将作为产品阿米巴、生产阿米巴等其他经营阿米巴的收入来源在各阿米巴之间进行分配，这也充分体现了产品阿米巴是公司收入、利润的最大责任者。

但稻盛先生对于营销同样非常重视，尤其是最为关键的销售价格。**稻盛先生认为，产品定价不能由基层的销售员确定，而必须由公司的经营者或高级管理者来定，因为价格反映公司的经营理念和经营哲学，是对公司至关重要的事**。稻盛先生在他的经营十二条中明确提出了“定价即经营”的理念，即定价是关系到一个公司生死存亡的问题。稻盛先生说：“**‘定价’‘采购’‘压缩生产成本’这三者必须连动，‘定价’不可孤立进行，就是说‘定价’即意味着对降低采购成本及生产成本负责**。价格之所以要由经营者亲自决定，理由就在于此。”

巴菲特先生掌管的伯克希尔·哈撒韦集团公司除投资业务外还控股很多实业公司，巴菲特先生对于这些公司的管理层都很放权，在他没有感觉到有什么经营问题时一般不会介入控股公司的实际运营。但是，作为集团的首席执行官，他对定价的问题有自己独特的视角：“很多管理者只负责一家企业。他脑中的方程式告诉他，如果定价有点儿过低，这不是什么大问题；但是如果定价过高，他就会觉得自己可能在毁灭人生中唯一的东西。没有人知道涨价会带来什么。对于下属企业的管理者来说，这就像是一场俄罗斯轮盘赌局，而对于整个集团的首席执行官来说，由于其生活中还有很多重要的工作，就不会感觉是在孤注一掷。因此，我认为，最好由经验丰富且与具体业务有一定距离的人，来针对某种情况处理定价问题。”所以，巴菲特不管有多忙，他都要亲自和下属公司对关键产品定价进行商定。巴菲特先生将定价提升到集团经营者的层面，充分说明定价对一个企业的重要性。

然而我们很多经营者却对这个问题很轻视，或不愿承担这个责任而将定价权推给普通员工，从而造成公司很多努力白费甚至公司破产，确实应该深刻反省。在企业的经营走上正轨，企业已经有比较大的规模后，经营者不能对每个项目进行定价，但稻盛先生仍然强调：“定价的方针应由经营者决定。当规则制定好以后，实际的定价可以让部下去做。”

对于具体的定价，稻盛先生认为应该根据产品的价值而不是成本，也就是依据市场价值定价，衡量定价是否合适的唯一标准是客户是否觉得物有所值，但定价应该是在客户觉得物有所值时的最高临界值，这样企业同时也能获得高收益，做到企业与客户双赢。所以，如果一个企业想获得高收益就必须不断创新，提升产品的性价比，增加产品的附加值，包括软件应用及服务的价值等。

服务是一项各个厂家都可做好但却最容易被忽视的事项，随着社会物质的持续丰富，服务对于产品附加值的贡献将越来越大。麦当劳创始人雷·克洛克说：“真心的微笑是可贵的附加商品。”很多人认为服务只对餐厅、医院这类B2C的企业重要，这实际上是很大的误区，服务对包括B2B在内的所有企业都很重要。华为之所以能成为全球第一的通信设备厂家，一方面是因为它的技术领先，另一方面它的服务水平也绝对是B2B厂家中一流的，所以它才能获得行业第一的规模和利润值。这也是稻盛先生强调应以“主仆”关系定义客户与厂家关系的原因，除自身本该怀有的感恩之心外，用“主仆”关系定义客户与厂家关系也是成为高收益企业的必要条件之一。

在外部定价确定后，阿米巴内部定价是一个非常关键和困难的事情，如果做不好会产生大量的内部“扯皮”、掣肘和内斗现象，甚至造成公司的分裂，这可能是要实施阿米巴管理的企业最应该注意的地方，也是经营者感觉最困难的地方。要做好内部定价，需要每个阿米巴成员自力更生并充分重视自己的考核，但同时又不能只管自己而不顾他人的思想。要求各阿米巴在充分发挥自己的商业头脑进行竞争的同时，也要确保和其他阿米巴协调，如果只顾自己，而不能站在合作方的立场上去经营的话，阿米巴经营是无法成立的，这也是稻盛先生不对做得好的阿米巴进行金钱方面奖励的重要原因之一，公司最终的胜利一定是大家合作努力的结果。

要达成此目的，只有以稻盛先生“利他之心”为核心的经营哲学被员工认可并执行才行，这就是稻盛先生一直强调“**经营哲学是阿米巴成功的前提，如果缺乏正确的哲学，**

缺乏伦理道德这种内在的约束，那么不管外部的制度多么严密，这类制度仍然不能正常发挥它们的功能”的原因。这也是儒家要在治国中将教育、礼制排在法治之前的原因，因为孔子说过，“**人能弘道，非道能弘人**”，西乡隆盛先生进一步解释道，“纵论制度方法，非奇人难行乎。**人有而后方法行，人乃第一至宝，己成其人之念甚紧要也**”。这两句话的意思是，任何时候人都是最重要的，只有培养教育好人，好的“道”才能发挥作用，才能被发扬光大。

另外，因为有内部竞争关系，所以确实存在阿米巴之间无法达成内部定价的情况，这时就需要上级阿米巴的领导进行协调。稻盛先生要求：“在阿米巴之间定价时，对各阿米巴了如指掌的经营领导人应该按照劳动价值的社会常识，对各阿米巴所需要的费用、劳力做出正确的评价，然后设定适当的公平价格。”这就要求各级阿米巴领导在经营哲学和业务方面有很高的水平，但因基层的阿米巴规模都不大，所以阿米巴巴长的能力可以通过锻炼逐步提升。

阿米巴在计算各自的支出费用时也和传统管理方式有很大不同，不仅包括原材料费、差旅费、业务费等，还包括自己办公所用面积的房租、装修费、水电费、生产设备折旧费等，这些费用要尽量详细，分配规则尽可能合理，要让各阿米巴巴长认可并可以通过自己的努力去控制优化。

传统管理方式大多只是将这些费用笼统地以一个比例进行分摊，员工不知道分摊原则，或者大家对分摊规则不认可，致使公司员工认为这些费用和自己没有关系或因不能控制而毫不关心，致使浪费丛生，进而造成很多经营单位觉得自己给公司赚了很多钱但实际在亏损的现象。阿米巴管理中对公共管理费用，也会按尽可能公平的方式分配到每个经营阿米巴，如公共的库房、会议室、公司总部管理费用等。

但在费用核算中人力成本即员工的劳务费，是不计算到各阿米巴费用中去的，这和很多公司的会计做法不一样，因为在一般的会计核算中，员工的劳务费都要在人力成本中核算。这又体现出稻盛先生的会计学规则不会根据常识决定，而只会依据原理、原则和更好地为企业经营来确定这一优势，之所以这样设定核算规则，稻盛先生主要有两方面考虑：一方面是因为员工工资有差别，在一些极端情况下，阿米巴巴长为了提升单位核算值会将高工资的员工排挤走，并可能阻碍员工的合理流动，进而失去阿米巴经营的灵活性。而单位时间核算注重的是如何让员工付出更大的努力，这与工资高低无关，所以，为了不引起不必要的麻烦，就不在阿米巴费用核算中体现人力成本。另一方面这可能是更重要的原因，因为稻盛先生一直将员工看作利润的源泉，看作企业存在的根本目的，而不是单纯的成本，因为人和机器是不能等同而语的，所以人力成本不能算成费用，这体现稻盛先生对员工的尊重，同时也是稻盛先生“以心为本”的经营哲学在会计核算中的具体体现。

稻盛先生的阿米巴经营，就是要培养具有公司经营者一样思维的阿米巴巴长，所以公司除人力成本外的所有费用都会分摊到每个经营阿米巴，而且尽可能细化，就像水费、电费，会对使用量大的阿米巴单独安装水表、电表，使得核算公平准确。这样虽然有些烦琐，但可以让每个阿米巴都承担自己阿米巴经营中的所有花费，像一个真正企业主那样承担经营压力，这样才会真正具有企业家思维：在花费每一笔钱时都会考虑是否值得，对自己的单位时间附加值考核的影响是否能够承受，会不会因此亏损，而不是像很多公司在资源分配时都是一场总部和经营单位的猫鼠博弈样。经营单位因为资源占用对自己的考核没有影响，所以尽可能地想多要资源，即办公室越大越好，装修越高档越好，车辆越多越好，生产设备更是越先进越好，根本不考虑性价比。因为公司不可能对一线情况全部掌握，最后不得不采取一刀切的粗放式管理，经常造成该花的钱没有花出去，不该花的钱却源源不断地大量浪费，像节约用水、用电这样的“小事”更是成为一句口号，无人顾及。

阿米巴管理则将总部和各基层单位的考核利益统一，大家承受的压力一致，所以努力的方向也是一致的。而且基层阿米巴对于自己的每项费用都清晰可见，费用全部数字化，且绝大多数费用可以自己掌控，从而有足够的压力和积极性去采取行动从而提高资源使用效率。因为将总部公共职能部门的费用分摊到各个经营阿米巴，会对经营阿米巴的考核造成影响，所以经营阿米巴就会关注并有权监督总部职能部门的费用，从而使总部职能部门的费用减少，杜绝浪费，提升效率。

阿米巴考核不仅考核每个部门给公司贡献的单位时间附加值的绝对值大小，还非常看重每个阿米巴每月、每年在自己原有单位时间附加值的基础上有多少提升，上一级阿米巴也会对下一级阿米巴每年、每月为这个指标的提升制定有挑战性的任务，所以每个阿米巴都有足够的动力和压力去提升自身的收入，压缩自己的费用，从而提高自己的工作效率。长期坚持不懈地提升单位时间附加值就会打造出稻盛先生说的“销售最大化、费用最小化”的高收益企业。

这也很大程度地促进和鼓励了各阿米巴的创新活动，因为最好的提高效率的方法就是创新，虽然扩大收入和节约成本都可以提升效率，但要做到数量级的效率提升只有创新，这里包括原材料的创新、生产方法的创新、生产工艺的创新等。稻盛先生非常重视创新，**他认为创新是企业生存和发展的基础，尤其是高科技企业的立身之本**。在他的经营哲学和经营十二条里，对创新有很多明确的要求，比如“重视独创性”“不墨守成规，不断从事创造性的工作”等，甚至对于打扫卫生这样简单的工作也要强调不断找出新的工作方法进行创新，提高工作效率。

稻盛先生鼓励兢兢业业地持续努力工作，但他很反对不动脑子的简单重复性工作，认为这样工作的价值不大，可能还会造成浪费。稻盛先生说：“说‘持续’重要，并不是说‘反复做相同的事情’。‘持续’与‘重复’是两回事。不是漫不经心地去重复与昨天一样的事情，而是今天胜过昨天，明天胜过今天，哪怕是微不足道的小事，也必须不断地改良、改善，这样的钻研和创新是加速成功的催化剂。**重大的技术开发，并非来自惊人的发明，并非来自最初就有的精湛技术。对现有技术进行改进，长时间不间断的努力积累，才是重大技术突破的关键。”**

洛克菲勒先生说：“不论你做什么，要找出完美想法的最佳途径，就得拥有很多想法。在做出最完美的决定之前，我会致力于寻找具有创意与功效的各种可能选择，考量多种可能性方案，并积极尝试各种选择，然后才将重点放在最好的选择上。”

正是通过不断要求提升阿米巴单位时间附加值的方法，倒逼各阿米巴不断尝试创新去提升自己的效率，在很大程度上增强了京瓷的创新能力。

每个阿米巴都在每天工作结束后就将自己的收入、费用、工作时间填写上报，所以每个阿米巴及公司总部都能实时地掌握公司经营的实态，这也是稻盛先生管理会计学要求的“现在的数字”。公司领导和每个阿米巴巴长每天晚上都会对当天的经营数据进行汇总，分析后决定第二天的行动，第二天晨会上就会对全体阿米巴成员提出具体要求改进的事项和行动，所以整个公司和每个阿米巴都保持着快速对问题做出反应的能力，以确保公司不断向自己设定好的目标前进。而且，由于提倡“玻璃般透明的运作”，所有阿米巴的经营数据都在全公司公布，全公司的每个阿米巴成员都能看到公司整体及其他阿米巴的运作情况，这样就会形成公司内部你追我赶的竞争气氛，也将大大促进公司工作效率的提升。

2. 阿米巴的第二个目的就是培养出具有经营者意识的人才。

任何一个公司都会感觉人才不够用，尤其是有经营者意识的管理人才，小公司会感觉更严重。稻盛先生创建京瓷后公司发展很快，但京瓷仅是以一个街道小厂起家的“小微”企业，初期招的员工大多是没有上过大学的中学毕业生，当时稻盛先生最大的苦恼就是找不到合适的部门负责人，于是只好自己成了公司销售、技术研发、售后等所有部门的实际领导。可是，如果不改变这个局面公司是不可能长远发展下去的，因此，稻盛先生苦苦思索并想到了阿米巴经营模式：**按照需要把组织划分成若干个小单位，这些小单位再作为中小企业的联合体构成公司，把小单位的经营授权给阿米巴巴长，由此培养具有经营者意识的人才。**

前文我们已经详细说明每个阿米巴巴长所关心的主要指标和压力与公司最高层经营者所关心的都是一致的，存在的差别只是规模不同，所以这样培养的就不是一般公司的“部门经理”。“部门经理”和阿米巴巴长的根本区别是，“部门经理”怀着一种各扫门前雪的心态，他们大多只会关注公司给自己下达的内部指标。除销售部门外基本没有单位会很关心外部市场变化，即便是销售部门的领导也只会关心自己的销售和利润任务，对于包括办公室租金、车辆使用费、水电费等在内的费用控制基本没有压力和动力。所以，大多数“部门经理”只对领导负责而不对公司和经营负责，其中很多人会丧失工作主动性从而成为企业官僚。而阿米巴巴长和经营者一样，要时刻承受市场残酷竞争的压力，会用自己经营一个小企业的心态去工作，会为自己阿米巴的生存和成长殚精竭虑，这样长期培养出来的人才会区别很大。

另外，一般公司的“部门经理”的主要精力只是被动地完成公司交给自己的任务，很少会主动思考如何让自己管理的部门持续发展，但稻盛先生对阿米巴巴长要求更高，京瓷的一名主要领导说：“一旦被任命管理一个‘科’的部门，阿米巴巴长就必须明确部门的目的和意义，思考如何促进部门‘科’的成长，以及如何为上级部门‘部’做出贡献。”这也是我们前文强调的，不仅总公司有明确的使命和意义，各部门也必须按照公司的使命来明确自己部门的使命并与员工共有，这样公司的使命才算是真正落地。像企业家怀着梦想和热情去开创事业一样，阿米巴巴长可以按照自己的“想法”去经营“科”的部门，最终通过自己和阿米巴成员的努力使自己的阿米巴成长和发展，**从而具有“让自己掌管的部门不断发展壮大”的企业家精神**。同时，基层阿米巴的规模很小、数量较多，这样就给了员工更多的机会去锻炼，即使犯了错误也不会对公司造成很大的影响，有利于员工的成长，一个员工随着企业的发展而获得职业生涯的发展，是公司对他努力工作的最大奖赏。

3. 阿米巴的第三个目的就是实现全员参与经营。

全员参与经营是所有公司经营者追求的梦想，越大的公司需求越迫切，因为随着公司的发展，员工会越来越多，很多经营者却发现工作效率迅速下降，核心原因就是很多员工失去了工作积极性，失去了创业时的激情，由原来积极的公司建设者变成旁观者甚至掣肘者。所以如何在公司规模扩大时，仍能使老员工像在公司初创时那样保持激情且持续拼搏，使新员工进公司就能发挥生力军作用，是考验每个经营者的最大难题之一。做好全员参与经营是一个“小微”企业发展到中型骨干企业，再到行业领先龙头企业的必要条件之一，也是大企业持续繁荣发展的必要条件之一。

要实现全员参与经营，首先要解决的问题是，如何让经营者和员工保持良好的关系。几乎所有经营者对此都深感苦恼，因为严格管理可能会造成和员工的对立，如果员工大面积“反叛”公司会迅速解体崩溃。当老好人放松管理，企业又会问题层出，走向衰落。

稻盛先生在创建京瓷时面临了更大的挑战，因为日本“二战”以后工会力量发展很快，尤其在 20 世纪六七十年代工会和企业经营层对立非常严重，工会通常会认为经营者都是剥削员工的，经常组织员工以罢工等斗争形式去争取更好的工作回报，很多企业劳资双方关系高度对立，互相不信任的敌对情况非常普遍。这时稻盛先生领导的京瓷正进入蓬勃发展期，员工数量迅速扩大，所以稻盛先生遇到的冲击也更大。对于怎样做才能形成良好的劳资关系这一问题，稻盛先生伤透了脑筋。他反复思考，得出的结论就是：**“经营者应该尊重劳动者的立场和权利，劳动者应该和经营者一起考虑整个公司的利益，为公司做出贡献。如果劳资双方持有这样的观点，那么劳资对立自然会消失。”实际上就是要求经营者和员工都能换位思考，能够以同理心思考问题，拥有稻盛先生经营哲学核心“利他之心”的理念。**

为了超越经营者、劳动者的立场，让员工团结一致，公司首先必须制定出让全体员工都能认同的企业使命，或者叫经营理念，这是经营哲学的重要组成部分。如果经营者和员工在企业经营使命上存在很大分歧，如经营者经营企业的目的是自己发财，而不考虑员工的发展，那么无论经营者怎样说教，都无法将员工的努力统一到自己希望的方向上。京瓷在创业的第三年就将企业经营使命确定为：“在追求全体员工物质和精神两方面幸福的同时，为人类的进步和发展做出贡献。”这个全体员工都能接受、都能共有的、普遍正确的经营使命、就培育了一种土壤，让京瓷能够产生超越劳资对立从而形成企业所有员工团结奋斗的企业风气。这就是为什么稻盛先生再三强调一个企业一定要先确定正确的经营使命，正确的经营哲学，因为这是企业的“道”。**孔子讲“道不同，不相为谋”，如果企业里经营者和员工的“道”都不同，是不可能长期团结合作的，企业发展壮大也只能是经营**

者理想中的空中楼阁。

稻盛先生说："因为确定了正确的经营理念，我就敢于严格要求员工。如果是为了满足个人私欲的经营者，他们会为了自己的利益驱使劳动者，榨取劳动者，他们就会心存顾忌。而在京瓷，作为经营者，我站在最前面，哪怕自己付出牺牲，也要为全体员工的幸福而竭尽全力。所以，为了大家，为了把工作做好，我可以毫不客气地批评、斥责工作不努力的员工。而全体员工也会产生伙伴意识，大家都是为了**同一目的**共同奋斗的同志。"孙子讲的"上下同欲者胜"就是这个意思。这也是前文说的儒家核心思想"仁"所表现的"己欲立而立人，己欲达而达人""己所不欲，勿施于人"，**经营者自己想致富就要让员工也致富，经营者自己要是怕吃苦就不要要求员工吃苦，否则就是虚伪的**。否则再好的产品或再疯狂的奖励制度也只能起短暂的"兴奋剂"作用，最终企业都是注定失败，因为人在任何情况下都是成败的第一因素。

在建立好企业经营哲学这个"道"的基础上，阿米巴这个"术"就会发挥强大作用。我们前文说了阿米巴是培养具有经营者意识的人才的，阿米巴巴长所考虑的事项角度与维度和最高经营者是一致的，和传统企业的"部门经理"主要考虑收入、利润不同，阿米巴巴长要像一个经营者一样考虑除收入、利润外的包括人员效率、办公场所费用、水电费、生产设备费等自己开展工作需要的所有资源和费用，而且他需要和上下游合作阿米巴像外部企业那样讨价还价去确定销售价格，而这个价格的依据是最新的产品市场成交价。并且每个阿米巴巴长都要像经营者一样去考虑，使自己的阿米巴不断成长，从而不断地提升自己的单位时间附加值，为公司多做贡献。所以，阿米巴巴长承受和分担着企业经营者面对的残酷市场竞争的经营压力。

这就是《孙子兵法》里强调的：“卓越的将领是以‘势’取胜。”孙子讲：“故善战者，求之于势，不责于人故能择人而任势。任势者，其战人也，如转木石。木石之性，安则静，危则动，方则止，圆则行。故善战人之势，如转圆石于千仞之山者，势也。”孙子的意思就是，善于打仗的将领指挥部队，就是要营造像圆石放到千仞高山上那样的势能，这样即使是一块普通的石头也会发挥出不可阻挡的力量。如果一个将领能让部队的官兵同心同德，并使大家有很强的危机感而忘掉安逸之心，部队就会自动爆发出惊人的战斗力。历史上著名的韩信背水一战灭赵国，项羽破釜沉舟击败章邯的经典战例都是对孙子前文的最好解释。

现在企业经营是非常激烈残酷的，商场如战场，让全体员工都感受到企业生存的不易，让员工保持和经营者一样的危机感，是激活企业员工活力的重要方面之一。但是，无论企业经营者再怎么强调经营压力，都没有比把市场竞争压力直接传递给员工更好的办法了。阿米巴经营模式设计的一个重大突破，就是让几乎所有员工直接面临市场的竞争压力，像经营者那样去感受自己的阿米巴是否能够存活，让市场这只无形之手来推动每个员工前进，这样就如同韩信和项羽那样让士兵背水而战，产生不进则亡的强烈危机感，从而激发员工的巨大工作潜力。

稻盛先生的会计准则中的“玻璃般透明的经营原则”，要求将公司的整体经营数据，尽可能多地向包括临时工在内的所有员工传递，这样所有阿米巴巴长和阿米巴成员都能清楚地看到公司的经营情况，看到自己是给公司做出了贡献还是拖了后腿，自己的阿米巴是否具有生存的可能和必要。而且成绩和问题都是用清晰的数字明确表示的，这样全体员工对于公司的处境以及面临的机遇与困难都会有切身的体会，公司的成功就是大家的成功，公司的失败就是大家的失败，真正做到“利出一孔，力出一孔”，员工就会自然地参与其中并全力以赴去工作。

而且每一个基层阿米巴的人数都不多，京瓷的一般是 3 ~ 10 人，这个小集体如同一个小的初创公司运作，想要运作好，每个员工的努力都必不可少，使滥竽充数者无处藏身。每个阿米巴成员的建议和意见都会很方便地传递给自己的阿米巴巴长和相关人员，好的建议更容易被采纳和实施，员工的参与感和被重视度大大提升，因为阿米巴数量众多，做得好的员工容易获得提升，从而使员工的积极性得以大幅提升。用稻盛先生的话说就是：“让员工们感受到自己参与计划、自己亲自经营的喜悦，尊重每个人的劳动价值，这样的经营才是阿米巴经营。”

第七章

提高心性，拓展经营：领导力的提升

我们前面已经对稻盛先生的经营哲学、管理会计学及阿米巴经营进行了较为深入的探讨，说明了这是稻盛先生企业经营的“道”和“术”。稻盛先生之所以能在经营中取得如此辉煌的成绩，就是因为他不断去修炼自己的“道”，完善和发展自己的“术”，用稻盛先生的一句话总结，就是要求经营者不断去“提高心性，拓展经营”。对于经营者来说，我认为就是提升格局以获得更大的领导力，从而带动企业的发展，因为一个企业最终的成就是它的经营者领导力的外在体现，**换言之，就是“企业经营决定于领导者的格局”**。

如何成为一个有领导力的领导是企业管理中的一个核心问题，是企业成败的关键。稻盛先生在大学毕业后首次参加工作的公司是松风公司，因为工作努力，他很快就被提拔为部门领导，带领上百人的团队进行工作，并使自己的部门在一个濒临倒闭的公司中成为一个士气高昂、业绩卓越的部门，也成为公司内唯一盈利并支撑公司生存的部门。在他被新领导轻视愤然辞职的时候，部门的核心员工包括自己原来的上司，都义无反顾地跟随他辞职创建京瓷公司，稻盛先生和这些志同道合的盟友，通过几十年时间将京瓷从 20 人左右规模的街道小厂，发展到数万人的世界第一的精密陶瓷企业。稻盛先生 52 岁创建 DDI 时只带领极少数的京瓷骨干参与组建公司，后期合并其他通信公司成立的 KDDI 更是蓬勃发展，成为当时日本第二大通信运营商。在稻盛先生领导时期，京瓷和 KDDI 总员工数超过 13 万人。在重整日航时，稻盛先生只带了两位原来的部属，参与拥有大约 35 000 名员工的日航重建，在克服各种常人难以想象的困难后终获日航全体员工的信任和拥戴，使日航重建获得超出所有人期望的成功。稻盛先生经过了近半个世纪的企业管理，既做过日本中小型企业的部门领导，又领导过京瓷，使其从一个“小微”企业一步步发展成世界行业第一的企业，还有空降到日本数万人规模大型国企成功改革的经历，而这些企业处于不同的行业领域，又都是在全球分布的世界型企业，可以说稻盛先生亲身领导过各种各样的团队并都获得成功，充分证明其领导力的卓越。同时稻盛先生在 1984 年开创的“盛和塾”义务管理培训机构，学员人数最多时超过 10 000 人，这些学员都是全球各行各业的中小企业经营者，稻盛先生和他们交流，在深入思考后回答、解决他们在经营管理上的问题，这又大大丰富了稻盛先生的管理经验，所以稻盛先生在领导力方面的很多理论是管理学宝贵的财富。

为什么说经营者的领导力是企业管理的核心问题，是一个公司成败的关键？因为就像稻盛先生说的：**“一个公司是**

死的、没有灵魂的，他的灵魂是靠经营者灌输的，经营者给它灌输什么样的灵魂，它就会成为什么样的公司，这将决定它能成长多大、存活多久。”《大学》上说：“一家仁，一国兴仁；一家让，一国兴让；一人贪戾，一国作乱，其机如此。**此谓一言偾事，一人定国。**”这里面说的一家和一人都是指一国之君，在企业里就是指企业的经营者。对于一个国家，它的领导者仁义，国家就有仁义之风；领导者谦让，国家就有谦让之心；领导者贪财暴戾，国家就会混乱。最终结论就是一个领导者决定一个国家的兴衰。

领导者作为一个企业的领头人，怎样才能带领企业达到理想的目标呢？领导者是由普通人成长起来的，我们就先来看一个普通人怎样才能成功，稻盛先生用一个方程式形象地表达了出来：

人生·工作的结果 = 思维方式 × 热情（努力）× 能力

这个方程式的意思就是一个人的人生和工作能够取得的成绩，是由思维方式、热情（努力）和能力这三个要素的乘积决定的。其中热情和能力，分别是从 0 到 100 分打分，而思维方式是由 –100 分到 100 分打分。**大家首先要注意的是，人生·工作的结果是由“思维方式”“热情”和“能力”相乘而得——不是和，是乘积，所以不同的分值其结果会成倍数变化。**那些自认为能力很强（可能确实在某方面也比较强），但不努力的人在工作和生活上取得的成绩，可能反而与那些天资不怎么好，但踏踏实实努力的人相差很远，这就是我们耳熟能详的《龟兔赛跑》的寓言故事说明的问题。**所以稻盛先生说人要想成就一番事业，一定要怀有渗透潜意识的强烈愿望，并持续付出不亚于任何人的努力，只有具备这样火一般热情的努力才能成就大事**。这是普通人或企业经营者要取得成功必备的前提。

稻盛先生说的渗透潜意识的强烈愿望和火一般的热情并不是那种类似暴风雨般的强烈粗野之心，而是稻盛先生说的："为了推动事物顺利发展，必须具备从内心涌现的**安静平和又强烈无比的愿望**。即使遭遇未曾预料的艰难险阻，即使已经被困难击倒感到绝望，也要能奋力爬起，拍拍灰尘，继续朝着成就事业的方向镇静地、反复地发起努力。人必须具备这种不达目的誓不罢休的决心和永不放弃的精神。"这才是"天行健，君子以自强不息"的正确努力方式。

稻盛先生在这之上非常有哲理性地增加了"思维方式"这个最重要的相乘项，修正了我们很多人认为的只要努力就能成功的片面想法，因为方向比努力更重要。而现实中南辕北辙的故事常常发生，很多人只顾埋头拉车，不愿抬头看路，付出很大努力却得不到理想的结果，有些人甚至因为方向错误而误入歧途，致使努力越大，错误越多，终是害人害己。

何为正面的思维方式？稻盛先生认为正面的思维方式是："积极向上、具有建设性；善于与人共事，有协调性；

性格开朗，对事物持肯定态度；充满善意；能同情他人、宽厚待人；诚实、正直；谦虚谨慎，勤奋努力；不自私，无贪欲；有感恩心，懂得知足；能克制自己的欲望。”什么又是负面的思维方式呢？稻盛先生认为负面的思维方式是：“态度消极否定，拒绝合作；阴郁、充满恶意、心术不正，想陷害他人；不认真、爱撒谎、傲慢、懒惰；利己欲望强烈、总是牢骚不断；不反省自己，怨恨、嫉妒别人。”我们可以看出这些都是不分国籍、不分种族的人性中共有的品质，好的思维方式应被所有人追求，坏的思维方式应被摒弃。所以，稻盛先生说决定我们行为的思维方式判断标准是：“作为人，何为正确”，而不是作为一个京瓷人、作为一个日本人或者作为一个中国人何为正确，就是要建立正确的人生观、价值观、世界观，这才是符合大义的正确做事标准。这也是稻盛先生经营哲学之所以能在不同国家、不同行业生根发芽、茁壮成长的核心原因。

这一点对企业经营者而言尤为重要，因为一个企业的行为方式就是它的经营者思维方式的体现，比如雷曼公司“造假案”、三鹿公司的“三聚氰胺毒奶粉事件”，无不是因为企业领导者错误的思维方式所致。企业领导者错误的思维方式会导致企业破产、员工失业，甚至给社会带来连锁的灾难性反应。所以稻盛先生解释道：“所谓‘思维方式’就是人生态度，可以从负 100 分到 100 分，思维方式不同，人生和生活的结果就会发生 180 度的转变。能力和热情固然重要，但最重要的是具备作为人应该有的正确思维方式。**世界上没有比心灵扭曲的天才发奋努力更为危险的事情。**”

洛克菲勒先生将思维方式定义为人的态度，他在谈到这个问题时说：“行动受态度支配，我们选择什么样的态度，也就决定了我们要采取什么样的行为，至于结果，很快就能见分晓。**要改变自己的人生，首先要改变自己的态度。**改变态度不是一件无法办到的事，你只要始终相信能够做到，你就成功了一半。”

领导人应该通过不断学习和实践来提升自己的思维方式，将自己的人生态度引到正确的方向上，不断地提升自己的格局，这就是稻盛先生说的“提高心性”。在企业经营中，企业经营者的思维方式最终会以企业经营哲学的形式来体现。在前面已经充分论证企业经营哲学对企业发展的重要性，只有给企业树立正确的经营哲学，企业才能生存和发展，才有生存和发展的意义，所以稻盛先生说的这个方程式是京瓷哲学的根本，可谓一语道破人和企业成功的天机。

一个经营者好的思维方式体现为企业好的经营哲学，会使企业拥有一种和谐、团结、积极向上的企业状态，达到稻盛先生说的“以心为本”的经营，这是稻盛先生管理经营的出发原点。经营者要用以“利他之心”为核心的经营哲学激活员工的内心，稻盛先生说：“**要想让公司发展壮大，只有让员工上下一心，互相信赖，从而形成一个具有凝聚力的强大集体。这样的集体一旦形成，不管遇到怎样的艰苦困苦，**

都势必能毫无畏惧，披荆斩棘。”《中说·礼乐篇》中有言：“以势交者，势倾则绝；以利交者，利穷则散。故君子不与也。”可见，唯有赢得人心，才能形成坚定的团队。

为什么“以心为本”的经营如此重要？因为一个人最为重要的就是他的内心。人类的力量比很多动物小得多，计算能力和记忆力也和电脑没法相比，但人之所以真正强大是因为有来自内心的力量，人类的创造力、想象力、坚贞不屈的品性都蕴藏在心中，只要能激活人的内心，它将爆发出难以想象的力量，因为它有上天赋予的神奇力量。孟子说：“尽其心者，知其性也，知其性，则知天矣。”意思就是一个人心中拥有上天赋予的一切智慧和善良，是“具众理而应万事者”，如果一个人能尽心做事，就能找到智慧之本，找到创意，获得天助。

但有些经营者自以为是，对员工不信任，采取愚民政策，用严格的制度限制员工的行为，甚至将员工和机器同样对待，认为员工只能做简单重复的标准化工作，稍有偏离就严厉处罚，将人类最宝贵的“心”忽视、埋没，真是买椟还珠的愚蠢之举。

还有一些经营者认为自己在这方面已经做得很不错了，因为员工已经不是简单执行命令，而是会用脑子想事情了，但这离稻盛先生所说的“以心为本”的经营还是相差很远。稻盛先生说：**“心中‘意识’的重要性，要远远超过用头脑进行的思考。在我们的人生中，‘意识’所具备的强大力量**

是其他任何东西都无法比拟的。‘意识’是人们一切行为的根源和基础。”

在此方面，巴菲特可以说是掌握了其中的真谛，他成功收购了很多不同行业的企业，打造了拥有超过 30 万名员工的令人惊叹的商业帝国。在谈到自己大多数情况下都能成功并购的主要原因时，他说是因为他收购的企业原本就具有优秀的管理者，他收购该企业后基本不会亲自运营，大多数都是由该企业的原有经营者继续运营。所以一个企业是否具有优秀的经营者，是他决定是否收购一家公司时考虑的关键因素之一。巴菲特考察一个经营者是否优秀的主要标准是这个经营者是否具有诚实、激情、努力工作、节俭等品质，而对很多人在意的学历、年龄、资历等方面他基本不关心。

其中最极端也是巴菲特最成功的收购案例之一，就是他收购的内布拉斯加家具城的案例，也就是大名鼎鼎的 B 夫人的故事。当时巴菲特为 B 夫人的工作激情、努力等品质所倾倒，所以下定决心收购内布拉斯加家具城，当收购完成时，B 夫人已经 89 岁，她其貌不扬，身高只有 1.5 米左右，是苏联移民，虽然在美国生活了 70 多年，但竟然连读写英语都不会，接近文盲。但巴菲特却对此毫不在意，因为他看到了她内心燃烧的熊熊事业之火：永不服输的斗志，追求卓越的精神。B 夫人最终工作到 103 岁才退休，为巴菲特的集团和自己的家族创造了巨大财富。

从巴菲特先生和 B 夫人的例子中我们可以看到人“心”

中蕴含的巨大力量，所以要取得大的成功一定要激活员工的“心”，开展“以心为本”的经营。王阳明说：“所谓汝心，亦不专是那一团血肉……所谓汝心，却是那能视听言动的。这个便是性，便是天理。有这个性，才能生这性之生理……以其主宰一身，故谓之心。这心之本体，原只是一个天理……这个真己，是躯壳的主宰。若无真己，便无躯壳。真是有之即生，无之即死。”王阳明说的核心意思就是心里蕴含着上天赋予的天理，一个人要用自己的心依据天理指挥自己的躯壳（行动）做事，否则就是行尸走肉。所以一个经营者要想经营好企业，就必须激活员工的心，这样才能发挥员工心中上天赋予的巨大力量。

但要激活员工的心只有靠经营者的“利他之心”，经营者首先要激活自己的心，要按天理诚意做事，要培养自己的“利他之心”，然后以不懈的努力，推己及人地去教育员工，使企业员工拥有这种共同的价值观。稻盛先生说这是企业管理中最困难和最重要的事，也是他在经营中投入最大力量的事，但只有做成这件事领导者才会拥有真正的领导力，才能发挥员工的力量，企业才能发展壮大。稻盛先生说：“**在企业中促使每个人发挥其独特性、获得成长的同时，又要让每个人努力的方向与公司的目标保持一致。凡是成功的企业，都懂得这个道理。所谓‘形成合力’就是具备共同的价值观。**”

所以，稻盛先生说企业领导者自己首先要“提高心性”，提升自己的格局，领导的企业才能“拓展经营”。鉴于这个问题如此重要，稻盛先生曾在多次演讲和著作中对如何建立和培养正确的领导力进行阐述，我们就结合稻盛先生在“2012 年稻盛和夫经营哲学重庆报告会”上对领导力的专题演讲《领导者的资质》来系统阐述这个问题。

一、领导者的定义

在这场演讲会上，稻盛先生首先非常明确和有突破性地给出了领导者的定义：“真正的领导者应该是以**爱**为根基的**反映民意**的**独裁者**。”可以说稻盛先生简单又鲜明地给出了领导者的定义。

首先，领导者应具备“爱为根基”的素质，这是一个领导者必须具备的基本素质，就是我们前面一直强调的，稻盛先生经营哲学中描述的企业大义所体现的思想：企业生存和发展是为实现员工物质和精神的幸福，为社会的进步做出贡献。企业家要有员工为先的思想，也就是稻盛先生引用《贞观政要》上说的“为君之道，必须先存百姓”的思想。《大学》上说：“‘如保赤子。’心诚求之，虽不中，不远矣。”意思是说，如果一个国君对待百姓，有像母亲对待初生婴儿那样的爱心，真诚做事，就是有时做得不对也不会相差很远。中国古代把地方官叫作“父母官”，就是希望他们以父母之心对待被管理的百姓。企业经营也是同样的道理。**要想开展**

“以心为本”的经营，领导者就必须先为员工付出真心，因为只有真心才能换来真心，这应该是一个领导者思考所有问题的原点。

其次，领导者还需要是“反映民意的”，要求领导者要心胸开阔，虽然领导者在企业中的位置和对企业的作用一定大于一般员工，但绝不能因此有救世主的心态，认为是凭自己的一己之力在维持和推动公司的发展，是公司和员工的恩人，轻视员工的贡献，而要认识到决定公司发展的最终力量来自员工的努力，**要从内心尊重每一位员工，这是激活员工内心的基础**。对于员工的意见和想法要虚心听取，积极吸取其中正确的建议，对于自己做出的不正确决定要敢于公开改正，要闻过而喜而不要文过饰非，主动接受员工的监督。自己不懂的问题就要不耻下问，要相信员工的智慧，虚心向大家学习，这是开展“以心为本”经营的基础。

稻盛先生非常特别地提出了“独裁者”这个概念，“独裁者”这个词一般大家都认为是贬义词，领导者中很少有人愿意被别人用这个词来形容自己，但我认为这正是稻盛和夫经营学的宝贵之处，因为稻盛先生经营哲学的核心就是以“作为人，何为正确”为标准去判断事情正确与否，而不是沽名钓誉。

如何看待稻盛先生说的“独裁者”？一个人之所以能成为公司的领导者必然在综合素质上超过公司的其他人，他的职责就是用他的意志力、智慧、能力给公司指出前进的方向并带领公司走向成功，同时提升公司员工的能力水平，使员工伴随公司一同成长从而获得物质和精神的幸福。德国著名军事家克罗塞维茨说：“真正的将领是在茫茫黑暗中，用自己身上发出的微光，指引着你的队伍前进。”

稻盛先生说，要做到这样的领导者就必须先建立起对企业的领导力，就是对企业行为的影响力，但拥有影响力的前提是领导者要敢于决断、敢于行动。稻盛先生非常反对一些领导者在困难问题决策上经常采取的、所谓遵循民意的少数服从多数原则的“民主决策”，他认为这是在逃避责任，是渎职。领导者应该在确认自己正确的情况下即使所有董事会成员都反对也要坚持，要有孟子讲的“虽千万人吾往矣”的气魄。但有时候，哪怕是一名普通员工的意见，也要侧耳倾听，从善如流，自己有错就要承认，并鼓足勇气修改计划。

给企业指出正确的方向既是领导者的价值，也是衡量一个领导者是否合格的重要标准之一。一个卓越的领导者由于他的天赋、胆识和所处的位置，在很多情况下他的远见是超过普通员工很多的，在关键时刻往往会做出和普通员工不同的选择，但真理这时却很可能掌握在这些少数人手里，比如苹果公司的乔布斯，执掌京瓷和 KDDI 时的稻盛先生，他们无不是以大无畏的精神和超人的智慧引领团队走向了成功。

人和计算机相比，最大的优点就是人基于胆识和情感的判断力，而不是基于统计数据的判断力，在即将和已经来临的大数据时代我们更需要小心：不要把所有决策简化成逻辑问题，让数据成为一切决策的主宰。我们一定要谨记：**卓越的才华并不依赖数据。**

奈飞首席内容官泰德·萨兰多斯说：“来自数据分析的洞察是对团队决策的补充，但这绝不是起决定作用的。我们根据直觉采取了不少行动，在为团队寻找人才时，我会留意那些会分析数据，而且凭直觉就知道该如何忽略数据的人。”泰德还警告说：“**数据可以被当作一个挡箭牌，抵挡本该用主观判断来做出决定的责任。**”当奈飞发布《纸牌屋》时，很多人都认为这部电视剧之所以“叫座”，是因为剧中的演员特别受欢迎，但泰德决定推出这部电视剧的一个很大因素，是因为它的制作者是才华横溢的大卫·芬奇。

华与华营销咨询公司创始人华衫先生说：“我看公司主要还是人治，因为没有一个老板是员工投票选出来的，也没有一个总经理是民选产生的。所有公司的管理，对外有公司法，对内都是人治的。如果公司没有一个强有力的领导力，是靠‘制度’运行的，那就离死不远了，或者是那些大到倒了也是一大堆，看不出来倒没倒的僵尸公司。”

大多数人天生对未知事物怀有畏惧之心，有不愿改变自己习惯的特性，也有贪图安逸的本性，所以，领导者要提升和改变员工是非常困难的。在情况没有完全弄清楚前要统一员工思想和行动方向，带领大家前进更不容易，尤其在一些重大改变或危机的情况下，这时需要有爱心和耐心地说服员工，并要有以身作则的示范，同时必须有严格的奖惩。公司生存在非常严酷的市场竞争之中，任何事情只有在一定时间内完成才有意义，一味地说教有时只是浪费时间使公司走向失败，严格的奖惩在很多情况下就是最有效的教育方法。

无论企业抱有什么样的经营目的，严格的纪律都是它们成功的必要条件之一，好坏企业的区别只是领导者是否对员工有爱心，但有时外在的表现很可能是完全一致的。很多时候只有把员工逼入绝境，才能使他们愿意改变也才能激发他们的潜能，稻盛先生曾经对面对客户有畏惧心的销售员说："如果你做不到，我就在后面用机关枪打你。反正后退也是死路一条，那么你就抱着必死的勇气向前冲吧。"他用这种看似残酷的方式激发出员工的斗志。但稻盛先生决不只坐在后方指挥，无论是寻找客户洽谈还是技术研发，他一定是冲在大家的最前面，付出不亚于任何人的努力，敢于尝试任何有益于公司又符合道义的艰难挑战。

稻盛先生不仅给大家讲坚持的意义，施加压力逼大家去努力，而且在最困难的时候要让员工看到他前进的背影，从而获得前进的动力，这也是他所说的"爱心"的体现——"己所不欲，勿施于人"，**要求员工做好的事情自己一定要做得更好**。稻盛先生经常用西乡隆盛的"位万民之上者，慎己，正品行，戒骄奢，勉节俭，勤职务，为人民之楷模。**下民若不怜其辛劳，则政令难行**"来激励自己，所以，虽然他给员工非常大的压力，但仍然能获得员工的理解、信任和尊敬。华为创始人任正非先生也曾经说过："我若贪生怕死，何来让你们去冲锋陷阵。”

在日航传授经营哲学时，面对一些顽固不化的管理人员，稻盛先生甚至将手里的毛巾扔向对方来表示愤怒以让他们警醒。对于一些实在不接受经营哲学的员工，稻盛先生会绝不含糊地对他们说请他们离开公司，这和日本尤其和欧美的一些所谓思想自由的管理方式是格格不入的，但这正是稻盛先生的“小善如大恶、大善似无情”的管理思想的体现。就像我们前文说的，如果一个企业里的员工不能拥有共同的思维方式、经营哲学，那么企业将陷入各自为政、互相拆台的局面，员工不能力往一起使，只会越努力越失败。

稻盛先生经常说“溺子如杀子”是企业管理上最应吸取的教训，他在看到一些员工屡教不改地犯错误时会非常严厉地进行叱责，而且很多都是在大庭广众之下进行的。这也和很多现代管理理论不符，这些理论强调对员工表扬一定要公开，这样可以使员工获得更好的荣誉感；因为要顾忌员工的自尊心，所以批评一定要在私下，在尽可能人少的时候。但稻盛先生强调，批评一定要对被批评员工及其他员工有很大触动才能产生作用，否则就失去了批评的意义，而且因为没有在现场第一时间给员工指出问题，过后再说只会减低大家对所犯错误的认识，所以他总是第一时间在公开场合对犯错误的员工进行批评，这样对其他员工也是一种教育。

美国奈飞公司也很强调公开批评的价值，虽然很多人尤其是新员工认为公开批评是奈飞企业文化中最难适应的部分，奈飞前最高人才官麦考德说：“奈飞文化的支柱之一是如果谁对某个员工有意见，对本部门的某个同事或公司里其他同事的工作方式有意见，他们就应该和当事人开诚布公地沟通，最好是当面沟通。我们不希望有人背后批评别人。**管理者不给员工严格的反馈，会给管理者带来不必要的压力，他们不得不掩饰事实并欺骗员工，进而导致员工丧失做出改进的机会。绝对坦诚，帮助人们成长**。”

稻盛先生在批评员工时一般都很严厉，他说很多员工甚至感觉被他批评得站都站不住。按稻盛先生在京瓷的一个主要下属的说法是：稻盛先生的批评经常是“一场刻骨铭心的批评”。稻盛先生总结为了促进员工成长，对于员工培养应该是七分批评，三分表扬，这和我们现在很多管理者，强调培养员工成长应该表扬多于批评的做法也很不相同。但因为稻盛先生批评员工完全是出于公心，是希望员工好，是爱之深，责之切，所以他的批评从来都是对事不对人，他在每次严厉批评员工后，都会不自觉地用语言或行为表示对员工的信心并鼓励员工努力做，使员工感到温暖而知耻后勇。

稻盛先生说：“有句话叫‘挥泪斩马谡’。经营者一方面要充满人情味，但有时候又需要严厉，乃至冷酷无情。用长远的目光看，上司给部下明确的目标，以严格的规则锻炼部下，部下才能快速成长。一个人的人格中兼备性质相反的两个极端，根据场合不同，运用自如。这就可称为具备均衡人格的经营者。”

稻盛先生在严格管理的同时，通过各种方式尽可能使自己和员工更好地相互了解和信任，他认为**相互了解、信任是任何沟通的基础，无论是表扬还是批评，这一点都非常重要**。

在京瓷刚起步时，有一次一批客户急需的货物在下午下班时终于赶制出来了，但稻盛先生一看没有达到他所希望的完美状态，就大发脾气地将生产的员工训斥一顿，要求员工连夜返工，明天早上用新产品按时交付用户。员工怀着非常大的委屈连夜加班赶工，但让他们没有想到的是，在他们最困倦、最失意的凌晨，稻盛先生竟拿着自己家里煮的红豆粥给他们送来了夜宵，稻盛先生和员工边吃边向他们说明产品对公司的重要性。这件事成为当时很多员工终身的记忆，很多员工退休后见到稻盛先生还跟他提起这件事对他们的工作态度的影响，也使他们和稻盛先生的感情和理解更加深了一步。

稻盛先生说："利用一切机会增加与员工的接触是很重要的。经营上需要'信赏必罚'。但是，在这种严格要求的背后，经营者时时流露出对员工的温暖关怀之心，才让员工愿意紧紧追随。"

稻盛先生在向员工灌输经营哲学和企业经营目标时，一方面会在公司会议上正式宣讲和下达任务，对于任务结果的达成奖惩很严格；另一方面稻盛先生又非常注意用聚餐喝酒（空巴）等轻松的形式和员工双向交流，使员工更容易理解自己所要传达的思想，也使自己更能了解员工的真实想法，**同时大家也会对彼此的为人有较好的了解，增加信任感。稻盛先生认为这两种形式缺一不可**。有一次年终，稻盛先生为了让大家充分理解第二年的任务，他在自己发烧感冒的情况下，分别参加了公司所有部门的50多场聚会，喝了50多场酒，和数百名员工进行了推心置腹的交谈，终使公司的目标得到了大家的深刻认同。稻盛先生说他参加完最后一场聚会后好像把所有的能量都输送给了员工，自己几乎虚脱。稻盛先生把这种“空巴”称为一种修行，没有对公司的爱、对员工的爱是坚持不下来的。也因此，稻盛先生和员工在相互了解的基础上建立了良好的信任关系。

《论语》上说：“君子信而后劳其民，未信，则以为厉己也；信而后谏，未信，则以为谤己也。”意思是，君子无论是使唤部下，还是侍奉上级，都要先取得对方的信任。否则，你给下级安排辛苦的工作，他们会以为你是故意折腾他们，给上级提出忠诚的建议，他们会认为你是在恶意诽谤他们。圣人用简单而又深刻的语言，一语中的地说出了工作中良好合作的关键：**信任、理解是所有沟通的基础**。

对于目前企业管理中有很大争议的“强势领导好”还是“温和领导好”的问题，稻盛先生明确回答还是强势一些好，他说一个领导者如果连架都没有吵过是做不好领导的，企业经营是沾满泥土气的，不能太“温良恭俭让”。领导者首先要敢于坚持自己认为对的事，无论是大事还是小事。比如现在很多公司都会搞团建活动，很多领导者认为这只是让员工放松的小事，这时最常见的情况是，一些员工尤其是老员工因为要牺牲自己的节假日时间会提出各种理由不参加，但稻盛先生认为这种团建活动不仅仅是一种公司福利，而且是增强公司凝聚力的重要方式，是同事间互相了解不可缺少的环节，所以他会如同对待工作一样要求全员必须参加，对于不参加的员工会进行严肃批评和处罚。稻盛先生正是通过这一点一滴的行为培养出自己对企业卓越的影响力和领导力。

但稻盛先生反对“蛮勇”，反对粗野的、所谓“豪杰之士”的那种勇气，对于这一点我们一定要认识到“严格”和“暴戾”之间的不同。我认为其中最大的差异是衡量标准和目的的不同，严格的领导者奖罚有恒定的标准，对事不对人，他严格的目的不是为自己的私利，不是要让下属害怕自己而是要把工作做好，也是为了下属能更好地成长，他的出发点是为公的、利他的。就像一个公正的法官一样，他有时会让人感到很严厉和严格，可是他的内心一定是充满大爱的，是维护正义的，这样的领导者虽然严厉但仍能受到下属的追随和爱戴，得到的是员工的敬畏和尊敬而不是害怕。所以孟子说：“以生道杀民，虽死不怨杀者。”意思是说：“不是暴虐嗜血，而是除害去恶，杀不得不杀者，就是被处死者也知道自己犯了必死之罪，不会怨恨杀自己之人。”

暴戾的领导者喜怒无常，他们对下属的表扬或批评完全以自己的感觉或心情为标准，无论是奖还是罚的目的都不是把工作做好，而是显示自己的权威，找到一种“顺我者昌，逆我者亡”的感觉。但这往往是一种外强中干的表现，色厉内荏，实际上却是没有什么力量的，最终也会被下属看穿，落得众叛亲离的后果。因此，稻盛先生所说的“强势”是贯彻信念，有节度、知畏惧的人，也就是原本谨慎细心的那种人，在经过各种历练之后所获得的那种勇气，含有对下属有大爱的严格。**这种英勇气概，来自强烈的责任感。无论如何也要保护企业、保护员工，这种责任心使领导者勇敢而坚定。**

稻盛先生在领导力方面极大地受到他在鹿儿岛的两位前辈的影响，这两位都是明治维新的绝对功臣，他们就是被称为明治三杰中的西乡隆盛和大久保利通。前文我们已经对西乡先生做了介绍，他是稻盛先生的精神导师，西乡先生对稻盛先生儒家思想的建立功不可没。大久保先生虽然也是稻盛先生在鹿儿岛的前辈，是中国儒学尤其是阳明心学在日本的学习者和传播者，在日本历史上同样建立了不朽的功勋，对日本现代政治制度建立起到的作用甚至超过西乡先生，但无论是鹿儿岛还是在日本全国，大久保先生的名望都比西乡先生低得多。

稻盛先生在思考京瓷管理时认真地学习和研究了这两位前辈，他发现两人优秀的个人品质和对日本的一片忠心没有什么区别，有区别的只是西乡先生在管理上趋向感性，而大久保先生非常理性。西乡先生对大家要求的帮助几乎是有求必应的，包括将自己的薪水大多都给了有困难的下级，所以他被认为更有人情味而被大家所推崇。但大久保先生因为非常坚持原则，得罪了包括老乡在内的很多人，他在管理上非常理性甚至到了冷酷的地步，完全按条例办事，分毫不差，对自己也要求极高，甚至在被刺杀濒临死亡时还坚持将书桌上的书整理整齐，大家对他都是敬而远之。在现代的日本，虽然大家对大久保先生的功绩都认可，但很少有人像对西乡先生那样对他充满爱戴和崇拜之情。

稻盛先生认为，想要做好企业管理就一定要将两位前辈的风格融合：在管理上如果太多感性则公司纪律松弛，企业一定会失败；但只讲理性完全刚性地执行纪律，这样没有人情味的领导者没有人追随，他也不能完成大业。**企业管理必须以对员工的爱为基础，理性为主，感性为辅，先理性后感性，两者配合才能取得最好的效果。稻盛先生说："有西乡内心让人动容的至'情'，有大久保利通所探究的合理且极为严密的事物之'理'；有时是充满仁爱之心的慈善，有时是挥泪斩马谡的果断严厉。兼具这些矛盾的两个极端，有理性之光的照耀，有至真至情的关爱，这才是领导者应具备的素质。"**

稻盛先生还非常强调对于下级的监督和及时指导。**中国在使用人才上有句很有名的话叫"用人不疑，疑人不用"，这被很多领导者奉为经典，但稻盛先生明确反对这个观点，他认为这是管理上非常误人的一句话。**人是会随着时间、地位等的改变而改变的，上级对于下级有检查、督促其工作，保证其在正确的道路上前行的责任和权利，放任不管往往会出大问题，西方有句名言："没有监督，天使也会变成魔鬼。"放任自流是对下级成长和工作不负责任的表现，是领导的失职。孔子说："不教而杀为之虐，不戒视成谓之暴。"意思是：不事先教导人，就要用刑杀来推行或制止就叫"虐"；不事先告诫人，就要求他成功，这就是"暴"，所以要避免下级因犯不必要的错误而受到打击，就要在平时多教导、多监督。

对于大家认为如果管得太多，下级会感觉不被信任而失去自觉性，没有成长动力的问题，稻盛先生说这样的下级心理是不够成熟的，没有培养的必要。乔布斯曾经说过："真正顶级的人才的自尊心不需要呵护，每个人都知道工作表现和贡献是最重要的。"这句话的意思是，真正的人才对做正确的事的关注，远大于别人对自己的评价，他们最大的追求就是通过努力克服困难完成任务所获得的成就感，而不是得到别人虚假的赞扬。

在面对困难时稻盛先生从来都是率领团队从正面攻坚而上，胜利后稻盛先生也从不故作矜持，而是带领大家一起欢庆。稻盛先生说："不管什么小事，只要开心，只要感激，就要率直地表达出来，不绕圈子，不装深沉。"原通用电气总裁杰克・韦尔奇将他的成功总结为八条领导原则，其中一条是："成功时，要懂得欢庆"，这和稻盛先生的做法完全一致。

在京瓷初具规模时，有一次因为经营出色，京瓷获得政府 100 万日元奖金奖励，这在当时已经是很大一笔钱了，过了一段时间，稻盛先生遇见同时获奖的一些企业家，大家聊起是如何使用这笔奖金的，很多人说用这笔奖金做科研了，至少是一半用作科研了，而稻盛先生把这 100 万日元奖金全部用来和员工喝酒庆祝了，而且稻盛先生认为用得很值。这就是一个有血有肉的稻盛先生，困难时与员工共克时艰，胜利时与员工举杯同庆，这才能让员工以“士为知己者死”的决心，在他的率领下克服重重困难，完成企业界的丰功伟业。

严格管理可能是大家对儒家思想最大的误解之一，因为儒家提倡“温良恭俭让”，所以有些没有真正领会儒家思想精神的领导者，认为对任何人在任何时候都应该和颜悦色地循循善诱，做任何事都应该“温良恭俭让”。但大家忘记了孔子讲过：“乡愿，德之贼也。”意思是，被所有人说好的人是道德上的窃贼，因为一个好的人，应该是坏人骂他、恨他，好人爱他、喜欢他。所以孔子说：“恶似而非者：恶莠，恐其乱苗也；恶佞，恐其乱义也；恶利口，恐其乱信也。”意思是说：“我厌恶那些似是而非的东西：厌恶狗尾巴草，怕的是它搞乱禾苗；厌恶花言巧语，怕的是它搞乱正义；厌恶夸夸而谈，怕的是它搞乱信实。”

大家可以在《论语》上多次看到孔子对弟子宰予的严厉

批评，“朽木不可雕”“烂泥扶不上墙”等典故都是出自于此。对于弟子冉有助纣为虐屡教不改的情况，孔子竟然要求他的其他徒弟：“非吾徒也，小子鸣鼓而攻之可也。”就是不认冉有做自己弟子了，要求其他弟子敲着鼓去攻击冉有。对于发明俑作陪葬的人，因为雕刻得栩栩如生，孔子认为，这样再发展下去，攀比谁的俑更像人，最后又会用真人殉葬了，所以他非常愤怒，直接骂那些人“始作俑者，其无后乎”，就是诅咒发明俑的那些人没有后代。孟子对于那些为了自己私利而征伐使百姓生灵涂炭的人更是恨之入骨，他说：“争地以战，杀人盈野；争城以战，杀人盈城。此所谓率土地而食人肉，罪不容于死。”意思是说：“要开疆辟土，争城争地，不惜牺牲百姓的性命，造成尸横遍野的人，就是率领土地来吃人肉的，这些人，处死都不足以惩罚他！”这哪有一点“温良恭俭让”？之所以如此，是因为孔子、孟子认为不惩恶就无法扬善！

中国儒学大师王阳明、曾国藩之所以能够平定国家战乱立不世之功，成为“立功”“立言”“立德”三不朽的圣人也是同样的原因，曾国藩的好朋友、晚清四大名臣之一的胡林翼对他的评价是，“以雷霆手段，显菩萨心肠”，这和稻盛先生提倡的“小善如大恶、大善似无情”的本质意思是完全一样的。

曾国藩对部下的要求非常严格，在平定太平天国之乱时，他最得意的弟子李鸿章有一段时间给他做幕僚，虽然李鸿章的才华卓著也帮了曾国藩很大的忙，但他有早上睡懒觉的坏习惯，曾国藩最强调勤奋，强调早起，在两次提醒李鸿章但仍未起作用的情况下，第三次曾国藩就在大庭广众之下对李鸿章进行了不留情面的、接近羞辱般的批评，使心高气傲的李鸿章铭记终生并从此改掉了这个恶习，真是爱之深，责之切。王阳明在他的剿匪生涯中，一方面推行儒学教育百姓，从根本上杜绝匪患，另一方面对于一些罪大恶极且不知悔改的强盗采取了坚决的镇压政策，同时每次军事行动中都要求将领务必彻底执行命令，否则将受到严厉处罚，对于因贪生怕死而贻误战机的将领，甚至会直接斩杀以明军纪。

一个领导者必须通过严格的管理才能激发出员工这种不怕苦、不怕改变、不怕付出的精神，其中要求领导者有时为了坚持正确的事，必须具备心硬如铁、不怕得罪任何人的心态，**要有被当作“独裁者”的勇气**，决不能做老好人式的经营者，要做到正确的“强势”经营。唐太宗李世民虽然将前朝的很多酷刑去掉，大力推广儒学教化百姓，但他不像前朝很多看似仁慈的皇帝那样爱大赦，他曾经对群臣说，“古语有之：‘赦者小人之幸，君子之不幸。’‘一岁再赦，善人喑哑。’夫养稂莠害嘉谷，赦有罪者贼良民，故朕即位以来，不欲数赦，恐小人恃之轻犯宪章故也！”李世民讲的就是，如果对作恶的人姑息就是对善良人的犯罪，所以，他强调违法者必须受到惩罚。

司马迁在《史记》中说：“人道经纬万端，规矩无所不贯，诱进以仁义，束缚以刑罚。”意思是说，做人的道理虽有千头万绪，但无不贯穿一条基本准则，就是以仁义循循善诱人们的心灵，并以刑罚约束行为欲望。这是司马迁总结三千多年的中国历史所得出的至理名言。

《中庸》上讲：“喜怒哀乐之未发，谓之中；发而皆中节，谓之和。中也者，天下之大本也；和也者，天下之达道也。致中和，天地位焉，万物育焉。”从中可以看出，儒学并不是让大家成为一个不怒不喜的木头人，而是强调当喜则喜，当怒则怒，就像老天有晴空万里也有风雨雷电一样，都是正常的，但一定要在正确之时而发，而且发后有节制，当止则止，发乎于情，止乎于礼，这才是孕育万物之道。

我们现在很多企业家将“妇人之仁”中的“仁”误解为儒家的“仁”，甚至将儒家人毕生追求的“中庸”认为是做“老好人”，什么事都只是做到中等水平或取中间值即可，以平庸为荣，这真是大错特错！实际上“中庸”的意思恰恰相反，是“不偏谓之中，不易谓之庸，中者，天下之正道；庸者，天下之定理”，**就是做事要绝对正确，极致完美，无时无刻不恰到好处，无过无不及**。这就是稻盛先生经营哲学中的追求完美，只可追求，但难以达到。而且，因为所有事情都是不断发展变化的，所以要做到中庸就必须不断进取并与时俱进，是时中，而不是执中，是事情发展动态中的极致完美，也就是孟子说的“执中无权，犹执一也”。王阳明对这句话的解释是：“中只是天理，只是易。随时而易，如何执得？须是因时制宜，难预先定一个规矩在。”可见，要做到“中庸”非常难。

孔子说：“中庸其至矣乎！民鲜能久矣！”“天下国家可均也，爵禄可辞也，白刃可蹈也，中庸不可能也。”意思是说：“天下国家可以治理平定，高官厚禄可以辞掉，雪白锋利的刀刃可以踩上去，但做不到中庸。”因为要做到中庸，必须要对每个人、每件事，都做到恰到好处，无过无不及，所以只能追求但难以达到。我认为儒家达到“中庸”的状态等同于佛教的“成佛”，要时时刻刻自省，戒慎恐惧，不断学习，只有靠“至诚”才能追求靠近。

很多没有正确理解儒家思想的企业家，做事没有原则，企业失败后却说儒家理论不好，自己既不修身又不敢严格要求员工，反而迎合讨好员工去营造虚假团结，却说是去追求儒家的中庸之道，岂不知孔子说那是“小人儒”“妇人儒”，真正的儒学管理一定是王阳明、曾国藩、稻盛先生所表现出的那种拥有爱心的杀伐果决。《大学》上说：“唯仁人放流之，迸诸四夷，不与同中国。此谓唯仁人为能爱人，能恶人。”意思是，只有得仁心之人才能将坏人放逐到偏远没人居住的地方，使他们不能祸害好人。**因为仁人有恒定的价值观，他才能敢爱敢恨，所以孔子说“不如乡人之善者好之，其不善者恶之”，就是好人喜欢他，坏人恨他、怕他，这样才不是德之贼也。**

在《论语》中，孔子的弟子评价孔子时说：“子温而厉，威而不猛，恭而安。”意思是说，孔子温和而严厉，威严而不暴戾，谦恭而安详，这正是领导者所需要的品质与形象。孔子说，“君子合而不同，小人同而不和”，意思是对于君子所组成的团队，大家从不避讳分歧，而是大胆表达出自己认为正确的观点，即使对上级或朋友的反对意见也毫无保留地提出，该批评批评，该表扬的表扬，绝不和稀泥，但正因为他们坦荡赤诚，大家反而会团结一致成就大业。从《论语》中我们可以看到孔子批评最多、最严厉对待的学生之一就是宰予，但宰予对孔子的评价却是：“以予观于夫子，贤于尧、舜远矣。”他从心里透出对老师的认可和崇拜。

对于小人组成的团队，大家见人说人话，见鬼说鬼话，当面曲意逢迎，背后牢骚满腹、互相攻击，这样的团队表面上一团和气，实际上互相掣肘，根本做不成任何事情，领导者也不会获得团队的真正尊敬和爱戴。所以领导者要给企业员工树立正确的经营哲学和价值观，带头树立一种正气凛然，敢说真话、敢于管理，不怕得罪人的企业风气，令行禁止是任何一个企业成功的基本条件，领导者真心为员工好，最重要的是要让企业持续稳定发展，同时使员工随着企业的发展不断进步，从而收获稻盛先生说的物质和精神两方面的幸福，而不是虚情假意的假慈悲。

稻盛先生对于领导者的定义，即“真正的领导者应该是以爱为根基的**反映民意**的**独裁者”，我认为就是领导者必须具备对企业、员工强烈的爱心，拥有强大的心理，勇于承担**

责任，秉承正义，实事求是，敢于决断，有时甚至需要乾纲独断，然后通过坚强的意志力和必要的手段，使决定在企业中完整贯彻执行，从而带领企业及员工不断成长。

这就是稻盛先生说的：**“真正的强大”具备完全客观的、实事求是的勇气；具备超越个人感情的坚定信念，相信自己的能力。**

二、领导者需要什么资质

前文我们已经把领导者的定义讲明白了，现在我们再来看稻盛先生认为优秀的领导者具体需要什么样的资质。稻盛先生认为可以归纳为以下 5 点：第一，具备使命感；第二，明确地描述并实现目标；第三，必须不断挑战新事物；第四，必须获得集团所有人的信任和尊敬；第五，抱有关爱之心。下面我们就逐条解释一下。

第一，具备使命感。

如果一个领导者只想和一两个家人或朋友做一些小生意养家糊口，或许可以只以盈利为目的，而不需要具有使命感的目标。但如果希望自己的企业有一定规模，并且持续发展，就必须制定有意义的使命感目标，而且企业目标越大，需要的使命感目标越大。苹果公司之所以能成为全球第一的公司，是因为乔布斯的使命是“改变世界”；阿里巴巴之所以能成为中国电商之首，是因为马云的使命是“让天下没有难做的生意”；小米公司之所以能成为世界上最年轻的 500

强企业，就因为它的使命是“让每个人都能享受科技的乐趣”；京瓷之所以能够成为全球第一的精密陶瓷企业，是因为稻盛先生的使命是“在追求全体员工物质和精神两方面幸福的同时，为人类社会的进步发展做出贡献”。要成为一个伟大的公司必须将全体员工的热情和潜力激发出来，所以稻盛先生说：“如果没有‘我们是为着如此崇高的目的而工作’这样的大义名分，也就是没有使命的话，要把众多人的力量凝聚起来，将他们具备的力量最大限度地发挥出来，是根本不可能的。”

前文我们说了要想成为卓越企业，不仅企业的最高领导者要有使命感，而且企业的每个部门领导者也要有使命感。稻盛先生在初次参加工作的松风公司里担任部门经理时，公司濒临倒闭，工资很难正常发放，奖金更是谈不上，而他们从事的是又脏又累而且危险的日本所谓的“3K”企业。稻盛先生为了激发员工的斗志，在每次给员工布置困难的任务后，都要花大量时间将这项工作的意义给员工讲解清楚，不仅讲清楚这项工作的完成对于公司会有什么意义，甚至会讲因为这项工作的完成对精密陶瓷技术发展乃至世界的意义，稻盛先生说：“需要自己为工作找出伟大的意义，并且具体写出这些意义，最后要让所有员工的心为这些意义沸腾。”稻盛先生就是靠这样激发员工的斗志，才和员工一起在非常艰苦的情况下，发明了当时世界上最先进的精密陶瓷器件 U 形管，靠此产品才使松风公司得以存活。

部门领导者一定不能只关心自己部门的收入和利润指标，而是要找到部门的使命感并与部下共有，这也是阿米巴经营里培养具有经营者意识人才的核心素质之一，也只有这样，公司的使命才能真正落地，成为鼓励和指引员工奋斗的力量源泉。并不是人多就一定有力量，只有**有理想、有纪律**的人才是有力量的。理想就是稻盛先生所说的使命感，稻盛先生说："让自己具备使命感，并让这种使命感为整个团队所共有，这就是领导者必须首先具备的最基本的要求或者说是资质。"

第二，明确地描述并实现目标。

稻盛先生的这句话中包含了两层意思：一是企业要有明确的愿景；二是领导者要能将愿景目标细分，并不断带领团队实现细分目标。前文我们说了要全面学习稻盛先生的经营学需要比较大的企业愿景，因为只有足够大的愿景，才能鼓舞领导者和企业员工去承受常人难以忍受的辛苦并不断前进，所以稻盛先生在京瓷成立之初就向员工表述了京瓷要成为全世界行业第一的宏伟愿景。稻盛先生说："一个人要靠自己的力量开创自己美好的人生，第一步，他应该拥有一个'大得有点过头'的梦想，拥有一个超过自身实力的愿望。拿我来说，把我拉到今天这个位置的原动力，就是我年轻时抱有的远大理想和崇高目标。"

当然，只靠远大的愿景来经营企业是远远不够的，就像我们攀登世界级高峰时远远看到高高的山顶很重要一样，它能带给我们希望和勇气，但同时我们还要做出详细的、每一天的登山计划并和团队实现它，这也是登山队长即领导者的核心工作之一。

对于如何设定业绩目标，各个企业有各自不同的做法，**稻盛先生首先认为企业一定要有远大的愿景，但超过一年的中长期经营目标计划却不需要做**，这和现在很多公司尤其是一些大公司的做法有很大的不同，一般管理理论认为，一个公司除制定一年目标外，至少需要有三年的详细目标甚至五年的长远计划，包括为之提前准备的人力和物力等资源，这样才是一份看似精密和有理想的专业商业计划。我们一直讲稻盛和夫经营学的宝贵之处就是它出于稻盛先生多年的经营实践和思考，而且稻盛先生对任何事的判断标准都是“作为人，何为正确”，所以他不会以大家认为的常识或为博得虚名而做任何事。

稻盛先生根据自己小时候从父母那里学习的经验和后期在工作中的实践经验确定：超过一年的经营计划和目标都是难以落实的。因为外部世界对企业的影响很大，无论是自然还是社会的很多客观变化都是企业难以控制的，但很多外界条件却是企业实现目标的前提条件，时间越长外界变化越大，大多数超过一年的外界变化根本没有办法预测，所以企业花了很大的资源、力量做的中长期计划大多数是一堆废纸，同时因为准确率低还会对员工士气造成影响，劳民伤财。

美国高科技公司奈飞在这方面和稻盛先生的做法非常相

似，甚至更加谨慎：奈飞公司发现每年无论如何预测，年度预算都是错误的，即使半年计划的准确性都难以保证，所以原奈飞首席人才官帕蒂·麦考德说：“我们便不再制订年度计划，这让我们有更多时间做季度计划，于是我们开始滚动式地制定三个月的预算，因为这是我们可以放心大胆预测的最长区间。”

虽然很多所谓的“管理专家”都对稻盛先生只做一年经营计划感觉不可思议甚至提出批评，但稻盛先生仍然坚持不变，稻盛先生说，“不必为将来的成就莫名焦虑，只要认真过好今天这一天，自然就能看清明天。这样日复一日，五年、十年以后，就会结出巨大果实——我这么想，这么做，经营企业到如今，其结果让我体会到一条人生真理：完整地过好今天，就能看到明天”。

在此方面，巴菲特的黄金搭档查理·芒格和稻盛先生持有几乎一致的观点，芒格说，“我们把98%的精力都投入手头的业务上，我们都信奉这样一个道理：一个人需要做好的就是手头的事，不应该为那些遥不可及的事煞费苦心”。现代管理大师德鲁克也曾经说过：“战略不是老想着未来我做什么，而是要想着今天该做什么，我们才能拥有未来。”不做中长期目标计划，我认为这也是稻盛先生所说的经营具有“泥土气”的方面之一吧。

稻盛先生对于一年经营计划的制订是非常严格和严肃的，这又牵扯出管理学上一个重大的问题：怎样确定年业绩任务？是自下而上（由员工上报）还是应该自上而下（由领导者制定下达）？稻盛先生明确说，任务的制定不管用什么方法，其实都是**领导者意志的体现**，意志力坚强的领导者会制定高目标，而意志力薄弱的领导者往往会同意部下的低目标，**没有什么科学方法能够准确合理地确定下一年的经营目标**。这也是稻盛先生一直强调的“企业经营成果其实是领导者心性投影”的一个原因，领导者要取得更好的经营成果，首先要提高自己的心性，其中很重要的就是磨炼自己坚强的意志力，否则就连基本的年度经营任务都不能合理制定。

为了激发全体员工的斗志，稻盛先生说：**“领导者要找出一个在全体成员都能接受的范围内最高的具体数字，把它作为目标。然后把这个目标分解，让团队全体成员都把它当成自己的目标，大家共同拥有这个目标。**”稻盛先生认为这个目标的制定，既不是自下而上也不是自上而下，而是要达到自上而下和自下而上的整合，**也就是这个目标一定要领导者和员工都从心里认可**。

京瓷在制订第二年计划时，首先由最基层的经营阿米巴制订自己的第二年目标计划并上报，各级阿米巴对下级阿米巴的经营目标经讨论确认后再上报，最终汇报到社长那里，这叫自下而上。但人通常都有安逸之心，不会给自己加很高的任务，所以一般上报目标都较低。社长这时候要参考这个上报目标，并依据自己的判断，把自己认为的高目标下发给各经营阿米巴，同时要求各经营阿米巴讨论并按照下发的目标调整自己的计划，这叫自上而下。但有的经营阿米巴可能认为目标实在达不成而上报一个折中的目标，这时社长就要再思考，如果认为自己考虑得对，就会再给这个经营阿米巴下达目标去要求对方调整，这种沟通可能有多次，最终要达到稻盛先生说的："要让大家相信目标一定能实现，不，目标非实现不可。"

从上述过程来看，一个自上而下和自下而上整合的目标要想达成是非常困难的，领导者要有坚强的意志力并付出很多心血，这对企业的经营非常重要！稻盛先生说："自己对事业的思考，自己有关达成目标的想法，都要**满腔热情**地向部下述说，**倾注心血**，谆谆相告，直到职场上每一个成员都激情燃烧。"可见，无论是企业愿景，还是一年的目标，要想员工认可，都需要领导者有坚强的意志力并怀有爱心，对员工进行教育和交流说服，稻盛先生把这叫作"能量转移"，这也是稻盛先生举办"空巴"的目的之一。

对于具体的年度任务，稻盛先生要求："这个目标不是一个总的、抽象的数字，而是必须分解到每一个组织。每个最小单位的组织都要有明确的目标数字，必须非常具体，必须成为每一个员工的工作指南。另外，不仅要设定整年的年度目标，而且要设定月度目标，这样自然就能看清每一天的目标。如果每一个人都能看清每个月以及每一天的目标，并切实完成这些目标，整个团队的年度目标也就能够完成。"这就是稻盛先生经营十二条中第二条说的"用数字在时间和空间设立具体目标”的意思。**其中，将领导者的高目标与员工共有是事业成功的关键**，稻盛先生说：“部下接受工作命令，回答一声‘好，知道了’，如果部下的热情是这种程度，那么工作成功的可能性约为30%；如果部下用强有力的口吻说‘我们一定尽力干’，那么工作成功的可能性约为50%；如果领导者将自己的能量注入给部下，让他们感觉到‘这是我们自己的事业’，那么这项工作就有90%的概率获得成功。”

洛克菲勒先生在谈到目标对于企业的重要性时说：“我是一个目标主义者，尽管我从不像有些人那样夸大目标的作用，但目标的功能确实在我这里得到了异常重视。在我看来，目标是激发我们潜能的关键，它拥有主导一切的力量。它可以左右我们的行为，激发我们完成任务所具备的创造力。明确而坚定的目标，更能让我们专注于所选择的方向，并奋力向前。我领导部下的基本依据就是我的目标，目标就是一切。”

但设定目标后领导者绝不是万事大吉，因为无论事前计划得如何周密，在实际经营中一定会有各种困难接踵而来，一个好的结果一定是经历各种磨难才能取得的，这就是万物法则，就像唐僧不经历九九八十一难是不会取得真经的一样。所以，必须按照稻盛先生经营十二条中要求的：“领导者必须具备洞穿岩石般坚强的意志，‘以渗透潜意识的、强烈而持久的热情，去实现自己的目标’。团队的领导者不管遭遇何种障碍，都要以坚定的意志朝着达到目标的方向奋勇前进，绝不妥协，绝不停顿。”

这种坚强的意志不仅要用语言而且更要用行动来表达。稻盛先生在京瓷刚创业不久时，常常对员工们讲这样的话：“在工作上，我对大家的要求非常严格，但与此同时，无论是在时间的长度上，还是在工作的密度上，我工作的努力程度不亚于你们中的任何一位。”稻盛先生还说：“领导者必须发挥出献身的工作精神，勇于‘自我牺牲’，那么不管处于何种严峻的环境之下，整个团队都能团结一致，朝着目标大步迈进。”所以一定要记住，“明确地描述目标并实现目标”是团队领导者最重要的工作之一。

第三，必须不断挑战新事物。

一个企业从建立到发展壮大，领导者起到核心的引领作用。大多数企业的领导者于企业建立之初，在危机感和饥饿感的驱使下，会带领企业克服各种困难奋勇向前，有非常强的挑战意识和冒险精神；但当企业达到一定规模后，初创企业的危机感和饥饿感会大幅减少甚至消失，这时企业的领导者很容易陷入守成心态，还有很多领导者也会有“辛苦付出不容易，该享受一下”的心理，从而丧失原有的冒险和挑战新事物的精神。企业经营和人生一样，如逆水行舟不进则退，一旦失去进取心，企业就会进入衰退期，在不知不觉中走向失败。

稻盛先生说：“领导者害怕变革，失去挑战精神，集团就步入衰退之路。”美国通用电气公司前总裁杰克·韦尔奇也说过：“只有变革，只有不断地、反复地进行创造性的活动，企业才能持续成长发展；相反，只想维持现状，只是墨守成规，就会陷入官僚主义和形式主义的泥潭，企业就会衰落。处于变革中心位置的就是企业的领导者。”中国古代思想巨著《吕氏春秋》上说，“流水不腐，户枢不蠹”，比喻任何事物都要不断运动才能保持生命力和活力。

一个企业之所以要不断挑战新事物，是因为当一个企业失去向上发展的动力时，企业的规模就只能维持或缩小，员工因此失去了向上、向外成长的空间。为了成长，员工的努力方向就由向外的市场拓展，转为向内获得领导的认可，不是靠为企业开疆拓土的功绩，而是靠领导的认可得到事业上的提升，内部腐败和官僚主义就会迅速发展，从而腐蚀企业的机体使企业快速灭亡；而且因为缺乏挑战精神，企业从领导者到普通员工就会失去工作激情和活力，一个没有激情和活力的公司是没有灵魂的公司，形式主义就会大行其道，因此，被市场淘汰是理所当然的事。

所以稻盛先生说：“领导者必须打破流于安逸的心态，创造一种组织风气，无论多么困难，也要不断挑战新的创造性的事物。”要做到这一点，领导者必须对自己和企业有非常高的要求和标准，决不能得过且过、轻易满足，这必须通过领导者的不断要求及行为示范渗透员工思想之中，把它变为企业的基因。

前面我们介绍的稻盛先生在京瓷成功后，不顾艰险、排除万难开创 DDI 公司，去打破 NTT 公司的通信垄断，这充分说明稻盛先生的挑战和冒险精神。现在我们再用一个案例来说明稻盛先生对于自己公司的要求是如何高，如何使员工具有不断进取、追求卓越之心。京瓷生产的大多是工业用品，客户对产品主要关注的是性能，而对外观没有太多要求，但稻盛先生对产品的要求是要达到完美状态，所以对产品的外形乃至颜色都有非常高的要求。**他认为完美的产品要具备完美的气质，就像崭新的钞票一样，看上去就能让人感到锋利，有一种害怕亵渎而不敢触摸的感觉**。

有一次，为了研制陶瓷材质的半导体集成电路，稻盛先生让一名技术人员牵头负责推进该项目，当时对于京瓷而言，半导体集成电路完全是陌生领域，研发之路可谓充满艰辛。研发团队克服了旁人难以想象的困难，经过长时间的埋头工作，终于研发成功。随后那名负责人把样品拿给稻盛先生看，稻盛先生虽然明白他们为此所倾注的心血和努力，但仍然对那名负责人说“产品不合格”，因为那个产品不是稻盛先生希望的纯净的白色。那名负责人非常奇怪地问：“为什么不合格？性能完全符合要求啊！？”面对他的提问，稻盛先生说：“你仔细看看（这个样品），难道你不觉得它有点脏兮兮的吗？”经历了千辛万苦才研发出来的产品被稻盛先生因为颜色而否定，那位研发负责人怒气冲冲地反驳稻盛先生：“您也是技术人员出身，应该明白‘要以理性看待问题’的道理吧。可您却说‘脏兮兮’，我不知道这是什么意思！

脏不脏和产品的性能并无关联，可您却凭感觉来评判，这也太奇怪了吧。”稻盛先生在反复给他解释什么是完美产品的同时，坚决不采纳他提交的样品。

美国石油大王洛克菲勒有一句名言：“对我而言，第二名和最后一名没有什么两样。”这和稻盛先生所要求的追求完美的精神完全一致。稻盛先生说：“正是由于这样的态度和精神，京瓷才能由小型企业成长为初具规模的中型企业，进而发展成大企业。”乔布斯当年带领苹果公司员工研发电脑时，对于机箱内侧的颜色和布线都有严格的要求，要求务必美观、整洁、一丝不苟，也正是这种精益求精的精神，才使苹果公司成为全球最伟大的公司之一。

向新事业挑战并取得成功，需要一种思维方式，就是“相信人的无限可能性”，只有这样才能获得挑战的自信和勇气。因为拥有这种思维，所以稻盛先生一直是以自己说的“**我们接着要做的事，又是别人认为我们肯定做不成的事**”的做事方式将公司向前推进。这方面稻盛先生和乔布斯有很大相同之处，苹果的每一次发布会，乔布斯都会超出人们想象地拿出一些人们梦寐以求却认为无法实现的东西，还有现在在马斯克领导下的“特斯拉公司”和“太空探索技术公司”，人们永远无法想象他下一步会做出什么惊人的产品，而那些产品无疑又会对人类科技的进步做出更大的贡献。

为了让员工持续保持创新精神，就需要做到不惧怕失败。有一次，一个美国记者问稻盛先生，京瓷公司为什么能如此成功？稻盛先生思考了一下说："理由之一，就是失败了，我们也不会责怪员工。"这个答案最初看起来很难让人理解。稻盛先生认为员工为了公司而向新事物发起挑战，即使失败给公司带来很大损失，也不应该对员工进行处罚，因为稻盛先生认为："这种挑战完全是为了公司好，为了全体员工好。只要他们是诚实的，没有利己目的的，哪怕努力的结果是失败，也没有任何怪罪他们的理由。有时候，员工在某个工作失败后，我们会马上给他另一个挑战的机会，因为他从失败中认真学习了很多教训，所以我们相信他应该能够把下面的工作做好。**给予员工失败的自由，员工就敢于不断挑战新事物，就能够鼓起勇气，把工作做得更加出色。**"这才是一种领导者真正需要的言行一致式的鼓励创新的态度，领导者要有为创新买单的气度和决心，这才能反映出领导者真正培养员工的爱心。否则，领导者再怎么口头提倡大家创新都是徒劳的。

当然，创新不可能百分之百成功，稻盛先生的态度是：一旦决策，就要像猎人追逐猎物一样，不成功决不罢手。所以领导者在做行动决策时需要非常慎重，一旦行动开始就要千方百计，竭尽全力。如果能这样，失败的次数应该很少，但确实有百般尝试后仍不能成功的时候。这时，领导者必须考虑撤退的问题，但做这个决定可能比下令进攻时还困难。稻盛先生的意见是："先不说物质条件，如果热情燃烧殆尽，却仍看不到成功的希望。这时候，我就会抱着满足的心情，光荣撤退，**前提是完全燃烧，就是说奋斗到热情完全燃尽为止**。做到这一步仍然不行的话，就必须痛下决断。**领导者必须在事业必须撤退的时候，痛下决断，毅然撤退。”**

高瓴资本创始人张磊先生在谈到如何打造企业护城河以保障企业基业长青时说：“世界上只有一条护城河，那就是企业家们不断创新，不断地、疯狂地创造长期价值。”

第四，必须获得集团所有人的信任和尊敬。

作为一个企业领导者，要得到强大的领导力，必须获得集团所有人的信任和尊敬，稻盛先生认为优秀的领导者一定是受员工爱戴甚至是迷恋的，稻盛先生说：“领导者要和员工建立心心相通的关系，具备‘一体感’，想法一致的公司，致力于构建这样的组织，这就是企业统治的第一步。要让员工全方位地信任，无条件地追随，这是各位领导者的要务。”一位著名的企业家在总结卓越企业成功的必然因素时说：**“领导者要成为员工心中的神！”**但是，建立这种上下级关系的公司绝不是靠领导者牺牲企业原则，一味迎合员工想法的沽名钓誉式的做法能够获得的，那样只会获得短暂虚假的“一片融洽”气氛，最终这种“有毒”的气氛会很快使企业腐败并走向灭亡。如何才能真正成为稻盛先生说的那种让集团所有人信任和尊敬的领导者呢？稻盛先生指出主要需要做好以下六件事。

1. 领导者必须公平公正。

中国古代思想家荀子说，“公生明、偏生暗”，意思是公正就能明断是非，偏私必然断事昏庸。领导者的主要职责是对企业发展中遇到的各种问题做出判断，不断判断的积累决定企业的现状和未来，所以领导者要获得员工的信任和尊敬，首先要能给企业带来正确的判断，尤其是在关系到企业前途的重大问题上，必须能给企业指出正确的方向，这是领导者的职责所在。但要看清事物的本质，必须要求领导者的内心纯净光明，没有私心杂念。

芒格说过：“人类往往有将简单的事情复杂化的倾向。”很多简单的事情我们却不能正确判读，正是因为私心作怪，它扭曲了我们的判断力，使我们对事实视而不见或无意间指鹿为马。所以只有回归稻盛先生说的以“作为人，何为正确”来客观判断，戒除任何私心杂念，在决策时唯一考虑的是如何在正义的情况下使企业获得发展。

对于如何才能做出正确决定，稻盛先生说：**“我们应该具备把事情简单化、直接抓住事物本质的‘高层次眼光’。摆脱私心、利己心的束缚，走出利害和执着的圈子，从光明正大的利他心出发，就能做到这一点。”**这也是王阳明说的“良知光明”，只有这样才能在“乱花渐欲迷人眼的纷乱情况下“一剑封喉”，找到正确的方向。

同时，公平、公正在企业人员选拔上尤为重要，这是企业树立正气的关键。领导者不仅要为企业创造物质财富，而且要为企业发展培养出源源不断的人才，只有这样才能确保企业长久健康发展。很多领导者自己能力很强，但是不注重培养人才，企业发展主要靠自己的个人能力，用人只用对自己言听计从的人，只愿意听下属的赞扬而不愿意听批评建议，用句不太好听的话说，就是“只用奴才不用人才”，这样的企业其风气绝对不会好，企业会随着这种歪风的增长而衰退，并迅速落败。过去王朝统治中吏治最为重要，司马光的《资治通鉴》洋洋洒洒写了几百万字，主要是给君王施政提建议，后人用六个字予以概括，“近贤人，远小人”，可以看出领导者用人对一个组织多么重要。

领导者决不能任人唯亲，只提拔对所谓自己忠心的人，那样领导者实际上得到的也只是虚情假意的欺骗，而不会得到真心对待他的人。**孟子说：“惟仁者宜在高位。不仁者而在高位，是播其恶于众也。”稻盛先生说选拔领导者的素质从大的方面讲就是人格第一，勇气第二，能力第三，品德一定排在才能前面。因为只有高尚的、受尊敬的人格才能控制才能，使自己的才能在正确的方向上得到充分发挥。**

在用人方面，我们经常会碰到两个难题：有人有才能但品德不够，有人品德优秀但才能略显不足，如何让他们都发挥自己的才能？随着企业的发展，如何处理原来的一些创业功臣和新引进人才的关系？这两个难题将考验企业领导者的智慧，体现领导者的经营哲学。

稻盛先生引用西乡先生的观点，对第一个难题做了回答："功者有禄，德者任官。"这句话的意思就是，给有才、有功劳者相应的报酬，而授予有德者官职，这其实就是《尚书》中说的"德懋懋官，功懋懋赏"的意思。这句话虽然简单，但是包含着用人的大道理，西乡先生看到后"闻此言，翁（西乡先生）欣然应之"。

稻盛先生在为已经成功后的KDDI选择自己的继任者时，提拔一个当时并不起眼的人做了社长，因为此人具备作为社长的"德"，受到了员工们的信任。对于另一位才能看起来更高且同样劳苦功高的人，稻盛先生却没有把他放到社长的职位上。但为了表彰他的功劳，在KDDI上市前，稻盛先生让他持有原始股，所以当KDDI成功上市后，那个人获得了丰厚的物质回报。这就是稻盛先生对西乡先生的"功者有禄，德者任官"的最好解释。

稻盛先生说："选拔人才时，不能仅仅任用君子，也需充分利用小人的能力和才干，企业的经营才能顺利进行。然而，只因能力强、工作得力，便让小人登上高位，那么公司必将溃败。寻觅德高望重、品行端正之人，将这种人放在真正重要的职位上，这是非常必要的。"

一般从初创公司发展起来的企业，因为起点都不高，所以很难吸引"高大上"的优秀人才，但随着企业规模和格局的增长，原来这些为企业成长做出贡献的人，就有可能跟不上企业发展的步伐，而且有时为了扩展新领域，还需直接引进该领域的高端人才，这时如何处理原来的创业功臣和新引进人才的关系，就成为领导者面对的一个棘手问题。对于这个难题，稻盛先生给出的答案是：**“有必要引进优秀人才，但也请厚待同甘共苦之人。”**

稻盛先生用修筑坚固城墙做比喻形象地说明了这个问题：“构筑组织好比修筑城池，修筑完美的城池首先必须建造坚固的石墙。然而，石墙并非仅由巨石——优秀人才所构成，巨石与巨石之间必须填埋小石块，每个险要之处，若没有巨石与巨石之间填埋的小石块，那石墙必然脆弱不堪，一触即溃。换言之，大胆采用如巨石般杰出而能立功之人——包括从外部引进；而另一方面，长久以来为公司献身尽力的人，也应发挥其作用。”这是稻盛先生从几十年管理中得到的真知灼见，我们应该充分重视。

曾子说“用师者王，用友者霸，用徒者亡”，领导者要有“外举不避仇、内举不避亲”的博大胸怀，像唐太宗李世民，将既是自己哥哥又是自己仇敌的前太子李建成的主要谋臣魏征，作为自己的股肱之臣，才开创了至今令人向往的贞观之治；齐桓公不记恨管仲的一箭之仇，而将国家大事全权托付给他，才成为春秋五霸之首，为捍卫中华文明做出重大贡献。所以，领导者在用人方面一定要秉持公心，公平地为公司培养和选拔出优秀人才，也只有用公平至诚之心才能招到真正的人才，就像稻盛先生的老师西乡隆盛先生说的：“以公平至诚推人，不公平则绝难揽英雄之心也。”这是领导者必须遵循的原则之一，也只有这样的领导者才会被员工爱戴和追随。

2. 领导者必须廉洁无私，有奉献精神。

中国明清官员有一句引以自戒的座右铭叫“廉生威”，意思是一个领导者廉洁无私自然会有威信和威严。威信从另一方面讲就是领导力，它与人格的关系最大，和岗位的关系相对小一些。西乡隆盛先生说：“爱己者，不善之最也。修业无果，事业不成，过而不改，功而生骄，皆因爱己而起，故决不可爱己偏私也。”这句话是说：“只爱自己，只要对自己有利就好，对别人如何不予考虑，这种利己的思想是做人的大忌。治学不精，事业无成，有过不改，居功自傲，所有这些都是由过度爱己而生，只利己的事决不可为。”**所以稻盛先生说，无私是一个领导者领导力的源头**。

在企业经营中，无私首先要求领导者在工作中比员工更努力、更拼命。稻盛先生说：“领导者越伟大，越应该率先做出自我牺牲。不能做到把自己的事情搁在一边，没有勇气接受让自己吃亏的事情，我认为这样的人没有资格当领导者。无自我牺牲勇气之人若居高位，是位于其下者之不幸。一个集团要做成某件有价值的事情，必须具备巨大的能量，而获得这种能量需要付出相应的代价，领导者应该率先付出这种代价。领导者表现出这种自我牺牲的勇气，就能获得部下的信任。”稻盛先生说，领导者做决策时甚至不能考虑自己的身体是否能够承受，要全身心地投入工作中去。**稻盛先**

生还说，一个领导者如果考虑工作对自己身体健康的影响，他就不能做出公正的决策，一旦领导者担心自己的身体不能承受工作的强度和压力，就应该立刻辞职。

同时，领导者掌握很多资源的使用和分配，在使用这些资源时，一定要想到“人在做、天在看”，决不可贪污受贿，贪赃枉法，因为人心不可欺，只要领导者稍有贪婪的行为，就会损害自己的领导力和威信，损害企业机体的健康，严重者还会给公司、社会造成很大的危害，甚至受到相应的刑事惩罚，使自己身陷囹圄从而贻误终生。

再者，领导者还要做到公私分明，因为领导者晋升到一定职位后，公司为了让其更好地工作，就会配置专车等设备，也会收到一些合作伙伴的工作馈赠礼品，这时候领导者的表现就会对员工行为的影响很大。领导者必须明确区分公私界限，严格自律，对日常的小事也不松懈马虎。因为即使领导者有轻微地公私混同，也会导致公司道德水平的下降，不知不觉中“毒害”整个公司。于此同时，领导者对自己的家属也要做到严格的公私分明，稻盛先生说：“中小企业的最高管理者往往就是企业主本人，公司的全部资产就是企业家的个人资产，在这种情况下，企业家往往会在不知不觉中模糊‘公司物品’和‘私人物品’之间的界限——公司用房就是个人住房，让自己的妻子给员工提供工作餐等，如果妻子也在自己公司工作，那么情况就更为严重。如果公司处于规模微小的创业奋斗期，企业家让自己的妻子负责会计或充当员工的话还可以理解，可一旦公司发展壮大，准备上市时，如果妻子还像‘草根时代’那样随便使用公司的车，就会影响企业形象。在旁人眼中，这家公司管理散漫，不上档次。”所以领导者要深以为戒，成为公司员工的榜样。

领导者要有比员工更多的奉献精神和能吃亏的精神。稻盛先生在刚参加工作做部门经理时薪水很微薄，还要拿出其中很大一部分寄回老家赡养父母，但他在下班后仍经常主动自掏腰包来犒劳员工，虽然钱不多，但这体现出对部下的关爱之情。稻盛先生总结说：“忘却自我，乐于牺牲自我，优先考虑员工，只要你这么做，员工就会爱戴你。”洛克菲勒先生在写给他儿子的信中，总结他成为美国企业界领袖的原因时说：“人性最基本的一面，就是渴望获得慷慨。我本人勤俭自持，却从没忘了要慷慨相助他人。记得那次经济大萧条时，我曾数次借债来帮助那些走投无路的朋友，让他们的工厂和家人平安度过了危机。而在我的记忆中，我从无催债和逼债的记录，因为我知道心地宽容的价值。”

在当前国际社会上，美国一方面想当世界领袖；另一方面又强调“美国优先”，采取霸权主义，一切事情都以美国利益最大化为出发点，历史上没有一个领袖会这样长久下去，最终一定会成为孤家寡人，落得政息人亡的结果。

3. 领导者要具备真正的勇气。

所谓真正的勇气包含三层意思：领导者要敢于做出决

定；领导者要敢于做出正确的决定；领导者要敢于迅速按正确的决定行动。

现在很多领导者，尤其不是最终决策者的领导者，在遇见困难问题时采取和稀泥的拖延态度，不做或不能及时作出决策，希望将问题留给下级自己解决，或推给上级或其他领导者决策，以逃避决策失败的责任。这样做实际上已经失去做领导者的资格，因为一个领导者的核心职责，就是对企业发展中出现的问题作出正确的决策和判断，否则就是渎职和失职。如果一个企业随着规模的增长有越来越多的领导者，但是越来越多的事情无人管，企业决策速度也越来越慢，说明企业中的很多领导者已经出现这种问题了，而这就是企业官僚主义的重要表现。

京瓷的一位主要领导者说："领导者要对下属上报的提案、课题、问题作出判断，对这些问题，必须迅速进行应对，当机立断。对于自己确实无法作出判断的事情，要和相关人员商量，但也不要超过 1 天时间。"如果做不到，下级会说："我们的领导者什么都不懂，不要向他请示，向他请示也没用。"所以，领导者必须按照自己的判断标准，迅速作出判断。海底捞公司就要求领导者对于下级提出的问题必须在 8 小时内作出决策或回答，否则将受到公司的处罚。

要做到这一点，一方面需要领导者有很强的责任心和担当精神，遇事不推诿；另一方面还需要按稻盛先生说的"以'有意注意'磨炼自己的判断力"，提高迅速作出正确判断事情的能力。稻盛先生说的“有意注意”来自他所尊敬的、在日本被称为圣人和贤者的中村天风先生的教导：“不管看似多么微不足道的事，都要认真思考，只有平时养成这样的习惯，在需要判断及定夺时，才能做到‘感觉敏锐如刀’‘思维迅疾如电’。”

有些情况确实很难马上有明确的判断方向，而且也没有过多时间去思考，稻盛先生说：“不知道该怎么办时，就选择困难的办法；困难的意思是指完成方法很难，但事实上根本没有又简单又好的办法”。**所以，在很多情况下困难的选择就是正确的选择**。

但在很多情况下判断事情正确与否不难，要做出公正、正确的裁决却更需要勇气，可能因为顾忌眼前和未来利益的冲突，纠结于感性和理性的矛盾，担心名誉或利益的暂时损失等。领导者此时必须依照正确的判断标准，不被其他任何外力干扰才能做出正确的判断，就是需要以稻盛先生的“作为人，何为正确”去判断，克服私心杂念，以良知去决策，这需要很大的勇气。反过来讲，**缺乏勇气的人不可能做出正确的判断**。

即使是正确的决定，也未必能让所有人赞同，因为因这种判断而蒙受损失的人会唱反调，这些反对的声音可能会延缓领导者的行动，减小行动的力度，使正确的决定也达不到应有的效果或导致失败。**在这种情况下，领导者需要果断地遵循正确的判断，将正确的事情以正确的方式迅速坚决地贯**

彻下去，决不能拖泥带水，因为只有坚决才能成功，这需要更大的勇气，只有这样才是“知行合一”。

洛克菲勒先生曾对他的儿子说：“每个人在决定一件大事时，心里都会或多或少有些担心、恐惧，都会面对到底要不要做的困扰。但‘行动派’会用决心燃起心灵的火花，想出各种办法来完成他们的心愿，更有勇气克服种种困难。很多人抗拒改变，哪怕现状多么令他们不满意，他们都不敢向前跨出一步。看看那些本该事业有成却一事无成的人，你就知道不同情他们是件很难的事。”

稻盛先生在“努力”“坚持”和“勇敢”这三个他认为成就事业所需要具备的品质中最看重“勇敢”，因为没有行动一切都是零。稻盛先生说：“领导者缺乏勇气，不敢正视严峻的现实，妥协退让，都是不可容忍的。领导者胆小怕事、优柔寡断的样子，下属一眼就能看穿。看到自己的上司那副不争气的面孔，他们会想‘原来我们的领导是一位没有出息的家伙’，顷刻间领导者就会丧失来自团队的信任和尊敬。”所以，要当领导者，必须具备克服一切困难，把正确的事情以正确的方式在正确的时间贯彻到底的勇气和决心。要获得这种勇气就需要像稻盛先生说的：“真正的经营者还必须具备‘胆识’。‘胆识’是‘见识’加上‘胆力’，或者说加上‘勇气’。因为具有处于灵魂深处的坚定不移的信念，以及对企业深深的责任感，甚至为之愿意付出生命，所以就能顶天立地，无所畏惧。”

4. 领导者要以身作则、率先垂范。

孔子讲："其身正，不令而行；其身不正，虽令不行。"这句话说的是，法令最有力的推行方式是靠领导者自身的行动而不只是靠语言。每个人都是有辨别力的，如果领导者嘴上说一套实际行动又是另一套，最终是会被员工识破并鄙视的。**我们常说榜样的力量无穷，但企业中最好的榜样就是领导者自己**。稻盛先生说："在工作上想要得到部下和周围人的帮助，自己必须率先垂范。哪怕是别人都讨厌的工作，自己也要一马当先，采取积极挑战的态度。无论堆砌多少令人动听的辞藻，如果自己不带头执行，就不能抓住人心。想让别人做的事，首先自己要冲在前面，用行动做出表率，这样周围的人才会追随你。"

在执行公司纪律方面，领导者更要以身作则，现在很多企业中都有一个很可笑的现象：领导者带领员工辛辛苦苦地制定出很合理的企业流程、制度，苦口婆心地要求员工严格执行，当大家渐渐接受并遵守规章制度时，领导者却用各种理由带头打破它们，实际上很多情况只是为了显示自己的特权。就像现在很普遍的办公场所禁止吸烟、开会禁止使用手机等，大多数情况都是领导率先打破的，员工随之就丧失了对企业规则的敬畏，使管理制度成为一纸空文，这就是所谓的"上梁不正下梁歪，身教胜于言教"。

领导者一定要知道，自己在一个团队里处于核心地位，自己的一言一行都会对企业行为产生重大影响，戒慎恐惧，按稻盛先生说的，企业实际上是领导者心性的投影，团队行为是一面镜子，可以从中反映出领导者的人格，所以一定要时刻严格要求自己，以身作则地为企业做好榜样。

以身作则还有一个很大的好处是让领导可以亲临现场，稻盛先生非常强调经营者、领导者要亲自到一线观察、参与现场工作。稻盛先生说："人们常说'现场是座宝山'，隐藏在现场中的第一手信息往往是解决问题的关键。领导者不断亲临现场，不但能找到解决问题的突破口，还能获得各种意想不到的启示，从而提高生产效率、良品率及接单率。"对此，稻盛先生总结说：**"答案永远在现场**。但是要从现场获得答案，首先从心情上说，必须对工作有不亚于任何人的热情，有解决问题的深切期待。同时，必须亲临现场，用真诚的目光仔细地观察现场，用眼睛去凝视，用耳朵去倾听，用心灵去贴近。这时我们才可能听到产品发出的声音，找到解决的办法。"

该方法不仅适用于企业的制造和业务部门，而且在所有部门都能发挥作用。领导者的指挥不能只是"坐而论道"，而是要亲临现场进行实地指挥，尤其是对自己不熟悉的领域、业务，一定要到现场和员工一起验证自己的想法，且不可想当然地认为"应当可行"。巴菲特在谈到实际经营的重要性时说："能请你向一条鱼解释一下在陆地上生活的感觉吗？可能你用 1000 年的时间都很难讲清楚在陆地上一天的生活，而经营一天企业的感受，也具有同样的价值。这会让你有种用自己的脚走路的感觉。”雷军先生在创建小米公司后，由于开始时对手机硬件开发和原材料采购不懂，大多是依靠合伙人来做，结果遇到很大的困难。他亲自管理后发现了很多大问题，所以他感叹：“如果一个创始人自己都搞不清楚核心业务的基本规律，怎么可能指望其他人比你清楚呢？”

领导者一定要以身作则、率先垂范，在工作现场亲自和员工一起实际操作。稻盛先生说：“很多‘学院派’认为‘只要知道方法，就能轻而易举地成功’，可一旦付诸实践，却发现困难重重。其原因是没有明确认识到理论和实际之间的差别。理论推断‘能够成功’的事，实际操作起来，却比想象中要难得多。”我们在很多战争中都能看到，大多优秀的将领，在重大战役中都会不顾危险，亲临一线进行指挥，一方面是为了鼓舞士气；另一方面是只有这样才能掌握实际情况，把握稍纵即逝的机会，作出正确的判断从而取得胜利，所以稻盛先生说：“现场有神灵！”

5. 领导者必须保持谦虚。

前文中稻盛先生在讲获得“利他之心”的六项精进中要求人“要谦虚，不要骄傲”，因为领导者有更大的责任，所以在这方面对领导者要有更高的要求，否则产生的危害会更大。

随着资历的增长和功劳的增大，领导者不断获得职位的晋升，同时也会获得更大的名誉，掌握更多的资源，可以为企业做出更大的贡献。这时领导者却很容易产生骄傲的思想，认为自己很了不起，甚至会认为是自己成就了公司，自己在公司中不可或缺，以为得来的这一切都是由于自己的天赋和努力而忘却公司的支持，下属、同事的付出，以及很多外界机遇的巧合，导致他变得目空一切、桀骜不驯从而失去人心。

稻盛先生经常引用《了凡四训》中的“惟谦受福”来说明谦虚的重要性，他说：“**一旦拥有了权力，处于支配地位以后，人的道德水准往往下降，变得傲慢不逊**。傲慢的领导者可能取得一时的成功，但他的成功绝不可能长期持续，这一点从各国历史中可以看得一清二楚。曾经有很多英雄豪杰争相崛起，而一旦成功，他们就忘乎所以，忘却谦虚，傲慢不逊，因而从顶峰坠落。”

关于这一点，中国历史上最有代表性的人物之一就是唐玄宗李隆基，他少年时就具有雄才大略，二十几岁时不惧危险发动第三次玄武门兵变，除掉了当时已经扰乱唐朝政权的韦氏家族，消除了唐朝又一次大的政权危机。当上皇帝执掌政权后，他励精图治，谦虚谨慎，任人唯贤，开创了可以和他的曾祖父唐太宗李世民的“贞观之治”相媲美的“开元盛世”，而且繁荣的时间更长，使国家稳定、人民幸福安康，自己也获得极高的声誉。但到了统治后期，他因功业变得骄傲，不愿意再听逆耳忠言，排斥身边的正直大臣，而让口蜜腹剑的李林甫、杨国忠式的只会溜须拍马的奸臣大行其道，他重用宦官、贪恋美色、荒废朝纲，最终引发了使唐朝由盛转衰的“安史之乱”，使人民遭受了生灵涂炭之苦，他也身败名裂，成为千古遗憾，所以《了凡四训》才会说“惟谦受福”。

稻盛先生说：“杰出的才能和由这才能创造的成果，属于我却不归我所有。才能和功劳不应由个人独占，而应该用来为世人为社会谋利。就是说自己的才能用来为‘公’是第一义，用来为‘私’是第二义。我认为这就是谦虚这一美德的本质所在。忘记谦虚美德的经营者所掌舵的企业，从无长久繁荣的先例。”

但在自我谦虚的同时，稻盛先生也说不能妄自菲薄，自信和谦虚并不冲突。尤其领导者在引进陌生领域的人才时，很多看似经纶满腹的“专家”可能因为没有实践，而在企业实际工作中只会纸上谈兵或遇事则乱，不能给企业真正的帮助，很多教条指挥更是给企业发展造成很大的破坏。

一些从事多年实践工作的一线“专家”可能只是随大流地去工作，只会照猫画虎地去行动却没有自己的想法，脱离了原工作平台大脑则一片空白。而且有些人因为没有深入思考、只会模仿，可能导致一个错误的行为坚持多年而不自知，只是偶尔碰了运气获得成功，却以为找到了制胜法宝到处宣扬，如果一个领导者不能鉴别这样的“专家”而委以重任，同样将会给企业造成灾难。一个真正的专家一定是理论和实践相互验证的，是两方面都相对完善的。稻盛先生强调，在引进人才或请教问题时，一定要坚持实践检验真理的原则，要像孔子说的“听其言，观其行”，不要只迷信一些名声，任何时候都要首先对自己抱有自信，不能盲从。

6. 领导者必须保持乐观开朗的心态。

充满梦想和希望，保持乐观向上的态度，在团队内营造开朗的气氛，这也是领导者的一项重要工作。

要做成任何一件有意义的事，必然会遇到接二连三的困难挑战，希望做成的事越大，遇到的困难就越大，越会经历很多感觉难以逾越的至暗时刻。上天是公平的，“欲戴王冠，必承其重”，它绝不会轻易眷顾某个人或某个公司。所以领导者必须能给团队“不管怎样，自己的未来一定光明灿烂”的必胜信心，而且有时还需要一些浪漫情怀促使员工度过至暗时期。

一个优秀的领导者必须做到无论在任何情况下都要给团队带来乐观向上的精神，要让团队成员相信，“即使道路无限曲折，但前途一定是无限光明的”。洛克菲勒先生说：“要做一名希望主义者。无论情况看起来有多糟糕，请擦亮眼睛找出其中蕴含的无限希望——永远不要放弃寻找，因为希望永远存在。我相信所有领导者都担负着提供希望的责任，不但要替自己，同时要为员工指引一条发展之路。”稻盛先生说：“作为任何一个善意待人、勤勉努力的人，在遇到任何困难进而深陷烦恼时，上天都必然会照出一道光明，给他克服困难的启示。”

王阳明在被贬到贵州龙场驿站后，吃穿没有着落，生活条件极为艰苦，时刻有被野兽袭击和瘴气污染丧命的危险，他的仆人都感到难以忍受想逃亡回家，但他积极乐观，不等不靠，充分利用当地条件创造好的生活，而且每天歌声不断。此举不仅鼓舞了仆人，而且打动了当地语言不通的苗人并获得他们的帮助，从而才有了著名的“龙场悟道”。

《周易》上讲，万事万物虽都有困厄之时，但终究会向前发展而“生生不息”，好事、坏事就像四季轮换一样难以避免，如果没有乐观的态度，那就如同堵塞了“生生不息”的那一丝生气，封闭了透过“至暗时刻”的那一线微光，生命之火将随之熄灭。稻盛先生说：“对自己的处境不满，一味地怨天尤人，就会不知不觉地将心灵封闭，看不到甚至放弃了人生中潜在的良机。”

孔子曾和他的几名优秀弟子谈论理想，子路、冉有、公西华都谈的是治国、平天下的大理想，而曾皙（曾子之父）却说：“莫春者，春服既成，冠者五六人，童子六七人，浴乎沂，风乎舞雩，咏而归。”这不就是我们现在说的“远方的田野和诗”吗？孔子说他的志向和曾皙相同，可以看出圣人不仅有治国、平天下的心胸，而且还有浪漫的情怀，因此儒家将“乐”（音乐）作为人必须掌握的六种技艺之一。稻盛先生说：“不管现在处于何种逆境，自己的将来一定充满光明。持有这种心态，不仅是作为领导者的必要条件，而且是人生成功的铁则，是人们生存的智慧。”

一个好的领导人一定要获得员工的尊敬和信任，**要成为团队的精神领袖**，这是建立领导力的基础。稻盛先生说："获得'尊敬'就使统率团队成为可能，为了最大限度发挥出每个人的力量，为了让部下的能力都能提高，领导人必须获得部下的'尊敬'。"

第五，抱有关爱之心。

我们前文讲述了要做好领导者需要具备的公平、勇敢、有挑战精神等各种资质，但这些资质有一个共同的基础或成长的土壤——抱有关爱之心。稻盛先生说："祈愿部下及其家族都能过上幸福的生活，祈愿交易商、客户、地区社会、自己周围所有的人们生活幸福。"我们一直强调的稻盛先生经营哲学的核心"利他之心"，**就是稻盛先生对领导者定义中强调的"以爱为根基"**，这也是领导者和人应该具备的最根本的资质。

稻盛先生强调说："集团的领导者归根结底要在心中怀有大爱、深爱，在此基础上采取行动。经营企业绝不能依靠强权，不能让部下恐惧畏缩。就是说，领导者不能只考虑自己，**绝不能充当'利己的独裁者'**，什么事情都凭自己的好恶做决定，只有这样做才能符合'宇宙的意志'。"

领导者一定要切记：要抱着爱心与人相处，但那不是盲目的爱，也不是溺爱。稻盛先生说："上司缺乏信念，只知迎合部下，不严格要求，看上去很有爱心，结果却是害了部下。这就叫小善。有句话说'小善如大恶'，意思是，表面的爱会导致对方的不幸。相反，抱有信念、对部下严格指导的上司，可能会令人感到不够亲切，但是从长远来看，却能培养部下，促使其成长，这就是大善。”

真正的大爱，是指无论何事，都要认真想清楚是否确实有利于对方。这也是现在我们很多人说的，一切美好的事物，都是看似矛盾的事物的完美结合，是哲学中辩证法则的体现：领导者最后一定要获得员工的爱戴和尊敬，虽说好的企业气氛一定是和谐的，但绝不是时时刻刻都是和谐的，会常常存在某个阶段员工因为不理解领导者的苦心而怨恨甚至憎恨领导者的情况，这时企业的气氛可能是令人紧张甚至是窒息的。稻盛先生曾对京瓷全球各地的社长说：“你们要有一种觉悟，就是不怕遭到各分公司员工的讨厌。正如父母严格管教子女一样，行大爱，往往不受欢迎。在变化无常的全球环境中，想要不断进行挑战的话，有人气、受欢迎简直是一种奢求。我们必须时刻抱着危机感采取行动。”

比如，稻盛先生刚对美国京瓷的分公司员工进行经营哲学教育时，因为缺乏对彼此的了解和信任，引起了员工很大反感。分公司的总经理首先对稻盛先生的做法十分抵触，有的员工在工作现场面对稻盛先生指出的问题当场顶撞、冲突甚至发展到了一些愤怒的员工可能在路上用枪袭击稻盛先生的地步。但稻盛先生毫不退缩，坚决按自己的“作为人，何为正确”的判断标准做事、教育和指导员工，解聘了价值观不同的分厂厂长，同时在各项工作上比员工更严格地要求自己，以身作则地忘我付出，最终获得了员工的理解和尊敬，使美国分公司大获成功，从而成为日本在美国办厂企业中的佼佼者，员工也从中获得了成长和收益。所以，领导者要拥有这种真正的大爱，**这才是稻盛先生定义的领导者——“以爱为根基的反映民意的独裁者”需要的真爱**。

以上就是稻盛先生对领导者需要的五大资质的论述，如果用稻盛先生引用日本著名的启蒙思想家福泽谕吉先生的另一种表达方式就是，**“思想深远如哲学家，心术高尚正直比元禄武士，加上小俗吏的才干，再添上土百姓的身体”**，这样就能成为实业社会的大人物，让我们一起努力吧！

第八章

打造世界级企业：企业多元化和国际化

一、多元化和国际化探索

我们前面讲过，稻盛和夫经营学是为攀登企业界最高山峰、打造世界级企业准备的，但一个企业想成为世界级企业，必然会面临产品多元化和国际化问题。任何企业只在自己固有的领域经营都会遇到发展“瓶颈”，即使像麦当劳、可口可乐这样在消费品这个非常大的市场中也会面临这个问题，仍然需要不断开发新产品，因为消费者的选择一定是多种多样的，所谓萝卜白菜各有所爱，一个产品的占有率达到一定程度就不会再增长了，而且占有率太高还会受到国家反垄断法律的限制。

如果一个企业希望稳固和持续扩大自己的市场地位，必将会走企业产品多元化之路，包括将自己原有的技术引申到其他领域，或开发全新的产品，也有可能去开辟一个新市场，而在当前这种市场全球化趋势下，要成为世界级企业，一定要跨过企业国际化这道坎。稻盛先生在他的职业生涯中面临过上述这些问题，而且都非常完美地解决了，所以我们引用稻盛先生的案例，来讨论一下企业产品多元化和企业国际化拓展，希望大家有所借鉴。

将自己原有且擅长的技术引申到其他领域生产产品，这种情况相对比较简单，用稻盛先生的话说就是在自己的技术延长线上做多元化。这是企业刚开始做多元化时最应采取的模式，因为它的成功率最高，即使失败，也能立即转换方向，避免企业蒙受较大损失。比如稻盛先生将原来主要用在电子器材、半导体上的陶瓷器件引申到纺织业、医疗业甚至渔具产业，都取得了很好的效果，使京瓷在精密陶瓷领域的技术优势得到了充分发挥，从而带动了京瓷销售规模的增长。

在做这种产品多元化拓展时，针对新产品稻盛先生是将研发和销售队伍独立出来做的，这一点可能和我们很多公司的做法不同。我们很多经营者认为新产品的研发和市场拓展会有一个过程，在没有形成规模效应时就安排专人进行研发和销售会浪费公司资源，还可能造成企业局部亏损，而利用原有的产品和销售团队就可以有效地避免这种情况。然而，稻盛先生认为，一旦开始做就要下决心做好，单独团队经营新产品，刚开始肯定会很困难，有时候亏损也在所难免，但这正是他希望让新产品经营团队面对的置之死地而后生的境地。稻盛先生认为："创造一个对自己不利的环境，让自己退无可退。人这种东西，总是想避难就易，我觉得，营造出一个将自己逼入绝境的外部环境是必要的。"

面对亏损，没有人会无动于衷。任何一件事，想要做好都不容易，这种新产品虽然是利用公司原有的各种优势进行拓展，但要成功也不是一蹴而就的，也需要激发出团队的潜能全力而为，因为可能要动别人的“奶酪”。新产品经营团队在没有任何退路的情况下一定更能全力以赴，使成功率大幅提高。如果让原有成熟产品团队兼顾新产品的突破，因为新产品相对原有老产品的销售占比在开始时一定很低，并且推进难度可能比老产品大得多，所以原有团队成员必定愿意在老产品上投入精力，而在新产品上投入不足。如果失败还可以用因为“经营老产品占用精力”的借口，同时可能因为经营老产品业绩好，掩盖新产品经营失败的结果而没有什么压力，这是人性的正常体现。稻盛先生说要经营好企业就必须了解人性，所以他采取这种看似有些浪费的方法，却往往可以取得更好的效果。

还有一种模式，虽然还是在原有技术上延伸开发出来的新产品，但销售模式发生了根本性变化，实际上这种创新的成功难度是非常大的，而经营者往往会轻视这种困难而导致失败。例如，京瓷利用自己的陶瓷结晶技术研发的再结晶宝石项目，虽然主要技术还是原有的精密陶瓷技术，但生产的产品却由企业使用的工业用品变成了普通消费者使用的装饰品，客户从有限数量的企业大客户变成了近似无限的普通消费者，销售渠道和销售模式也随之完全改变。这将对公司员工的商业思维方式和企业组织结构的改变要求非常高。

稻盛先生和京瓷公司原来并没有意识到销售模式的改

变会带来这么多困难，所以在再结晶宝石市场的拓展上吃了很多苦头，最后用了 6 年以上时间才使销售初具规模，但这应该说已经是非常好的情况了，因为在市场上看到的大多是失败的案例。就像原来大量通信系统设备厂家都希望同时拓展手机市场，发挥自己的技术优势和市场优势，虽然很多手机关键技术和原来的系统产品是相通的，有些看起来还比系统产品技术低，但实际情况是，目前除华为公司外都折戟沉沙、损失惨重。

这种拓展失败的主要原因首先是大多数厂家对自己的技术和过去的成功过于自信，对于面临的新市场和新情况缺乏应有的尊重和敬畏。尤其是 B2B 向 B2C 转变时，一般企业级的产品技术含量表面上都超过个人使用的商品，而且 B2B 的每单销售额通常是很大的，个人消费品的单价和每单成交额对比起来有些不值一提，更使企业产生盲目自信。这种骄傲的态度导致企业在失败后不能认真总结经验教训，总认为是外界市场原因导致的，或因为自己偶尔失误所致，很少从自身寻找原因，经常发生的情况是，企业连续多年大亏损，以不同形式持续犯同样的错误，最终被市场无情地淘汰。

任何企业的多元化都是有风险的，如果做不好可能会对企业造成很大的负面影响，最糟糕的情况是消耗企业原有的发展良好业务的利润，使企业元气大伤甚至倒闭，最有名的案例就是我们前面说的摩托罗拉公司的铱星计划，因为对通信发展趋势和企业自身的能力判断失误，使集公司之力投入了巨大财富的铱星计划失败，投入资金大部分付诸东流，公司一蹶不振从而失去通信市场的霸主地位，最后被迫被别的企业收购。

针对这种不熟悉的销售模式的多元化拓展更需要非常小心，稻盛先生在总结这种转型时也说这是一件非常困难的事，而且风险很大。但为什么京瓷、华为能够从 B2B 市场向 B2C 市场成功转型并获得丰厚回报呢？我认为这和两个公司的领导人所赋予公司的基因有绝对关系。**稻盛先生和任正非先生首先都是“谨慎的挑战者”，同时是决定后不达目的绝不罢休的执行者，他们对成功的定义都是要做就要做到行业第一，并且将这种意识成功地传递给每个员工，使员工都具备了这种绝不服输的精神，这种艰难转型没有这种精神是绝对不行的。**

稻盛先生虽然经常做出令人惊讶的创举，但他说由于受到父母的影响，尤其是父亲的影响，做决定时他是非常谨慎小心的。比如，在成立 DDI 向 NTT 挑战时，他每天扪心自问，竟有半年时间才最后下定决心；再如他之所以要保持企业很高的自有资产率，其实是因为这是他认为保证企业安全的最好方式。他说：“企业家在公司内身居高位，不管是‘让旁人惊讶’的胆识，还是‘让旁人着急’的谨慎，都必须具备，两者缺一不可。”

因为决策非常谨慎，所以每次决策后，稻盛先生都有一种锲而不舍、不达目的绝不罢休的态度。稻盛先生说：“在做每一个项目之前，我必定认真审视它的价值，只有在内心感到确有把握时，才着手参加。一旦决定做一件事情，我们决不半途而废，**愚直地追求成功**。一旦相信能够成功，我们就全力追求，一条路走不通，就找别的路，决不轻言放弃，坚韧不拔，直到成功为止。”稻盛先生最爱用非洲土著人狩猎来比喻这件事，他说，一个好的猎手一定会提前准备好狩猎时用的食物、水等资源，在发现猎物后穷追不舍，无论几天几夜也要坚持不懈，直到猎物休息的时候将它一枪致命。所以京瓷才能花 5 年多时间研发再结晶宝石，再用 6 年多时间使之销售成功，这在其他公司是很难想象的，用稻盛先生最后总结的话说：“市场创造和技术研发应该是一样的，没有市场的话，我们自己创造市场不就行了吗。”

华为在决定开拓手机市场时态度也非常谨慎，公司在几年之中几次讨论都不能下决心，最终在任总的亲自拍板下才决定进军手机这个陌生的消费品市场，在决定的同时公司准备了充足的战略资金在前期技术、市场需要时投入，做了几年不盈利的预计。华为在人员上抽调原在通信系统设备市场最有成功经验的精兵猛将担任主将，又从外界大力引进各种专业人才，组成强大的手机研发和市场团队。

虽然当时华为在通信系统设备市场已经成为行业翘楚，但他们仍然抱着非常谦卑之心面对这次挑战。他们在刚进入手机市场时，并没有从利润和规模最大的、被大家称为“高大上”的开放市场入手，而是利用自己的原有优势，借助老客户电信运营商的关系来耕耘相对来说是苦力活的运营商低端手机市场。虽然当时华为的资金很充足，但他们并未急于求成，也没有投入过多资源去做广告造势，而是“深挖洞、广积粮、缓称王”，把主要的精力都放到了产品的打磨上。在很多运营商市场中，他们竟能牺牲自己的品牌而贴着运营商的品牌去销售，这实际上是将自己的身份降为了手机代工厂，这是当时很多深圳小厂才愿意做的事。

通过几年的积累，华为对手机技术及市场有了较为深入的理解，运营商市场虽然经营的大多是低端手机，但华为手机的产品质量还是在客户中赢得了口碑，为自己积累了最初的一批忠实客户，也让开放渠道经销商感觉到了华为的实力。而且随着手机销售规模的增加，他们的团队不但做到了盈亏平衡，而且能靠自己的收入养活自己，这对一个新产品拓展团队信心的建立是非常重要的，通过几年的学习和实践，华为培养出了自己经营手机的人才梯队。在有了这些积累后，华为人“只争第一”的基因再次发挥了作用，他们勇敢坚决地走出自己的舒适区，主动减少或放弃已经熟悉的运营商手机市场，去开拓竞争最激烈的开放手机市场，走上了树立自己的高端品牌之路，因为只有这样他们才能实现自己成为手机行业第一的理想。

华为的狼性作战风格在这次转型中也得到了充分体现。在这个竞争异常激烈的市场中，他们通过紧密的团队合作，成功地将公司具有的强大技术和品牌优势引入手机领域。经过几年的艰苦拼搏后，华为终于走上正轨，成为全球手机市场的领导厂商之一，正是这种谦虚而扎实的努力使华为完美地复制了他们在通信系统设备上的“农村包围城市”的成功经历。

京瓷和华为成功的第二个原因是：稻盛先生和任正非先生虽然都强调服务、品牌等的重要性，但他们首先是产品技术的绝对推崇者，他们对产品的要求都是非常苛刻的，他们只追求完美极致的产品，认为好的产品是决胜的前提。

为了开发再结晶宝石，京瓷公司用了 5 年以上的时间，投入了大量的人力、物力才达到稻盛先生要求的那种完美状态，再结晶宝石在大小、纯度、光泽度等方面全面超过天然宝石，而造价只有天然宝石的几分之一，这时稻盛先生才决定推广上市。

稻盛先生在研发上是非常敢于投入资源的，他主张资源要集中投入，不提倡“将鸡蛋放入几个篮子”的分散投入，他认为这是产品做到第一的必要条件。稻盛先生曾经做过“赌在技术开发上”的专题演讲来说明他的这种态度，稻盛先生说：“研发的过程中会遇到许多障碍，归根结底，跨越障碍所需的就是领导人的热情和能量，就像物理学中的能量定律一样，领导人及其团队对于研发课题所倾注的能量的总量，必须和障碍的总量一样多才行。也就是说，如果不倾注超凡的热情和能量，是无法跨越障碍的。”

大家可能觉得这和他所说的谨慎的态度有冲突，但在经过深思熟虑后做压倒性资源投入，会使新项目的成功率大幅提高，避免“撒胡椒面”式的浪费投入，反而可能是一种最稳妥的企业经营方式。**这就是我们通常所说的想成功就要敢于聚焦，无论是时间还是金钱，无论是个人还是企业，不敢聚焦是做不成大事的，这是一种大智慧，是一种勇敢的谨慎，所以《孙子兵法》上讲：“并敌一向，千里杀敌。”**这和曾国藩提出的找到合适的时机，在合适的地点“扎硬寨、打呆仗”的做法是一致的。

在比尔·盖茨和巴菲特第一次相识的那个晚宴上，盖茨的父亲问了当时参加晚宴的所有人一个问题：人一生中最重要的特质是什么？巴菲特的答案是“专注”，而盖茨的答案和他完全一致。巴菲特、盖茨所谓的专注是什么？**专注是对完美的追求，而且这种秉性是特有的，不是谁想模仿就可以模仿的。专注也是对专业精益求精的追求**。我们发现，这是成就巴菲特、盖茨、稻盛先生、任正非、曾国藩等杰出领袖级人物共有的主要特质，也是他们取得超出常人成功的主要基因之一。

华为手机虽然开始时进入的是运营商低端手机市场，但他们在产品研发上并没有放松，在产品质量上对标高端产品，改变了原来国内手机厂家**低价低质**这一最大弊病，解决了用户使用国产手机的后顾之忧，赢得了最初的用户口碑。在高端手机研发上，他们继承了一贯勇争第一的作风，在核心芯片、手机 UI、摄像等主要技术方面都大胆投入，经过多年艰苦努力做到了业界前列。做到这些是需要非凡的勇气和投入巨大资源的，后期的产品性价比超过了原来高端市场占领者三星和苹果，打开了高端手机之路。

企业管理大师德鲁克说企业的本质是："任何企业得以存在，都是因为它满足了社会某一方面的需要，实现了某种特殊的社会目的。"制造厂家实现其社会目的的载体是产品，京瓷和华为分别在宝石领域和手机行业以谦虚的态度进入市场，稳扎稳打、厚积薄发，解决了产业原有的一系列重大问题，满足了一大批消费者的需要，因此打开了成功之门。

总结两个公司从 B2B 向 B2C 成功转型的共同点就是要敬畏一个新的市场和领域，因为是要进入别人的领地，要动别人的奶酪。无论自己在原有领域有多成功，都需要用谦虚的态度面对新的挑战，决策要谨慎，充分估计可能遇到的困难。

对于已经成熟的市场，就是已经有几家寡头企业垄断了大部分市场份额的市场，更需要谨慎。稻盛先生认为，不要直接和这些寡头企业进行正面市场战争，这样取胜的概率很小，而应该认真分析自己的优劣势，先进入有利于自己的细分市场站稳脚跟。

下面这个案例更说明一个新厂家通过细分市场向红海市场拓展的重要性，因为这可能是这些拓展者唯一的生存发展方式。就像京瓷曾经收购一家照相机公司一样，当时全球照相机市场已经被佳能、理光等公司瓜分，尤其是市场最大的普通傻瓜照相机市场，因为技术门槛低，竞争厂家更多，大多厂家已经是赔本赚吆喝，成为真正的红海市场。稻盛先生带领京瓷团队认真分析了自己的能力和所面临的市场情况，结合京瓷具有的超强研发能力，毅然放弃了大家看似容易进入的傻瓜照相机市场，直接进攻高端专业照相机市场，成功避免了低端机市场无谓的价格战，最终充分发挥自己的技术优势，在高端机市场拥有一席之地，而且取得了不错的盈利，为京瓷的规模增长做出了贡献。这和华为当初选择自己具有一定基础的运营商定制手机市场切入手机行业是有很大共同点的。

所以，要相信市场总是有机会的，但一定要先分析清楚自己的优劣势，**结合自己的优劣势认真评估从哪里切入市场。切入点的选择是非常重要的，切入点的选择在很大程度上决定了成败**。自己的进入是否能解决原有市场存在的一些问题，这些问题的解决能为自己带来多少用户，这些用户能否实现自己企业的市场目标，评估自己的实力是否能支撑自己度过市场培育期而走向成功等，这些是进入选定市场前必须思考的问题，绝不能只为了做而做。

稻盛先生说："挑战、革新是人们经常使用的、扣人心弦的词语。但是因为伴随着巨大的困难和风险，所以需要付出难以估量的辛劳、忍耐以及勇气。我认为，如果不具备革新所需要的素质条件，就不应该轻言挑战。**充分的精神准备和财务的支撑，是进行挑战和革新的必要条件。**"一旦决策就要坚持不懈去做，敢于集中投入资源，**坚持技术领先，服务**

并行，要有不达目的绝不罢休的坚决态度，只有这样才可能成功。

企业多元化的另一种情况，是在一个完全陌生的领域内成立新公司、开发新产品去开辟一个新市场。除多元化外，还有一种情况就是我们目前谈论很多的企业国际化。这两种多元化道路都是很困难的，稻盛先生把第一种情况比喻为围棋中下“飞子”，就是在自己原有布局之外单下一棋子，这个棋子因为没有别的棋子支撑，被对手吃掉的可能性很大。即使现有的新产品能够成功，要持续开发产品并维持这个市场发展也比较困难。企业国际化主要面临的是国家间思想文化的差异，生活习惯不同所引起的管理上的困难，而且存在路途遥远、时差等问题，造成的结果很可能会使处于异国的分公司管理失控，给公司造成亏损，甚至出现腐败，使公司蒙受难以想象的损失。

稻盛先生提醒经营者对于这两种多元化一定要慎之又慎，一定要深思熟虑后再去做。稻盛先生创建 DDI 公司挑战 NTT 就相当于我们说的第一种情况，通信运营对于稻盛先生及京瓷公司是完全陌生的领域，没有任何技术、人才及相关市场经验的积累。京瓷于 20 世纪 60 年代在美国市场设立分厂，开拓美国市场相当于我们说的第二种情况，日美两国属于东西方思想、文化的代表，差异巨大，工作、生活习惯也迥异。“二战”后美国人对日本人还存在心理优势，很多美国员工看不起战败国日本的企业领导者。两国之间隔着浩瀚的太平洋，在 20 世纪 60 年代不仅两国之间的来往非常困难，就连长途通话也很奢侈，所以母子公司之间的管理、沟通非常困难。

稻盛先生后来总结 DDI 和国外经营成功的经验时说，对于这些全新的领域开拓，技术、资金固然重要，更重要的是经营者的经营哲学是否优秀。更具体地说，就是取决于原有公司的经营者是否有优秀的企业哲学，经营者的经营哲学是否通过经营者不断强化，已在母公司确立并转化为母公司优秀的企业文化，母公司的企业文化是否强大到可以通过母公司派遣或招聘到新公司的人员推进、复制。**这些最终体现为经营者要具备超过技术、资金外的管理优势，只有具有管理优势的企业，才可以做这种类似于“飞子”的多元化，否则母子公司之间会因脱节而导致失败。**

稻盛先生在创建 DDI 时对外界和内部员工说：“你们认为京瓷的成功主要是因为搭上了精密陶瓷大发展的顺风车，但我要通过 DDI 的成功证明京瓷的成功主要是因为有优秀的经营哲学。”所以，稻盛先生只带领为数不多的京瓷员工组建 DDI 公司，并首先在公司推行经营哲学，让新招的员工快速认同和掌握京瓷经营哲学，使新老员工的思想一致并融为一体，使稻盛先生通过经营京瓷获得的最大成功基因得以复制，从而激发出 DDI 员工巨大的工作热情和战斗力并获得成功。后期，稻盛先生重整日航的经历，又一次证明企业经营哲学才是这种看似不可能的多元化转型成功的充要条件。

二、经营哲学的国际化推广

很多企业在进行国际化转型时，经营者可能会因为不同国家文化之间的差异，不敢大范围推广母公司的企业经营哲学，尤其是向比自己国家更发达的国家拓展时更是如此。很多人认为不同国家的文化是不能融合的，各国国情差异很大，没有互通性。这也是现在很多人认为稻盛先生的“利他精神”经营学在中国难以落地的原因，虽然同属于东亚，但我们很多中国人认为中日人民的性格，以及两国的国情、文化都差别很大。所以稻盛先生的“利他精神”经营哲学在中国就显得“水土不服”，不适合推广。现在，我们就以京瓷在美国并购 AVX 公司为例及王阳明在贵州龙场与苗人的故事来说明这个问题。

AVX 公司是美国一家颇具实力的电子零器件厂家，在 1990 年被京瓷并购时员工人数达 1 万多人。按原来日本海外并购的惯例，都是由日本母公司派管理团队接管被并购公司，但稻盛先生认为，如果要实现真正的并购成功，日美管理层和员工相互只见之间必须充分信任、同心同德，所以他没有从日本派管理团队，而是使用了原有的美国管理层。虽然人没有变，但稻盛先生要求所有管理层和员工必须学习领悟京瓷哲学，要在思维方式上与日本母公司保持一致，这才是稻盛先生认为的真正荣辱与共的一体化团队。

刚开始确实因为一些理念上的差异而遇到很大困难，美国管理层对稻盛先生提出的“不可将自己的才能私有化”“不可有私心”“工作的目的意义最为重要”等理念很难接受，管理层都有抵触情绪。但是，稻盛先生没有任何退缩，他认为这是 AVX 公司和京瓷能否成功合并的关键，是大家成为一个共同团队的信任基础。稻盛先生坚信：**“我认为不分东西方，人的本质都是相同的，京瓷的经营哲学具有普遍性。所以只要我们以纯粹的心灵，心怀诚意，认真沟通，他们一定能够理解接受。”**

于是，稻盛先生亲自担任讲师，给 AVX 公司管理者、员工讲经营哲学，并要求他们写读后感，针对他们的疑问，稻盛先生逐条予以答复，诚恳而且细致。这种认真的问答学习一次就会长达数天，而且反复举行。“精诚所至，金石为开”，最后 AVX 公司管理者、员工在稻盛先生的言行感召之下，认识到京瓷经营哲学的魅力，从思想上认同和接受了京瓷经营哲学。

当时日本正处于泡沫经济时期，许多日本企业都收购了美国企业，结果都很惨烈，几乎所有企业都以失败告终，日本企业蒙受了巨大损失。但被京瓷并购的AVX公司却一枝独秀，取得了巨大的成功。该企业在被收购的6年间销售额增长至被收购时的3倍，约11亿美元，税前利润增长至被收购时的6倍，约1.7亿美元，并于1995年夏天在美国纽约证交所再次上市，给日美合并企业和员工带来了丰厚的回报。此次合并的成功再一次充分证明了稻盛先生提倡的经营哲学的正确性和普遍性，它是可以穿越国籍差异而被所有人掌握和运用的朴素真理。后来美国的麦格劳－希尔公司将稻盛先生与AVX公司管理者学习京瓷经营哲学时的答疑，编辑成《成功激情》一书在美国和日本出版，供美国和日本企业界经营者学习。

在王阳明被贬到贵州龙场后，周围都是苗人，语言不通，生活习惯、文化信仰更是完全不同。当时相比于汉人，苗人的很多方面还很落后，所以苗人被称为“蛮夷”，但王阳明没有因此鄙视他们，把他们当作自己的朋友，在开创心学以后，立刻开始了他的传道事业。王阳明让仆人们开发一片空地当作讲习所，然后多次诚挚地邀请苗人来听他的讲座，有些苗人在王阳明的诚意邀请下终于来到了他的讲习所，王阳明与这些苗人一起讨论心学，这些人被王阳明所讲的内容深深打动了（具体王阳明怎样克服语言不通的障碍无从得知），最终越来越多的苗人成为王阳明的粉丝和拥趸。后来，在王阳明因为名声越来越大受到当地政府官员嫉妒而遭到迫害时，这些苗人挺身而出，与官府派出的亦官亦匪的坏人搏斗，勇敢地保护了王阳明。所以王阳明说“**良知之在人心，无间于圣愚，天下古今之所同也**”，这也是王阳明说人人都可成圣人的原因。

京瓷美国公司的一个经营者，是一个美国人，他说：“由于国家和民族的不同，文化也不一样。但在企业经营的哲学上，在人生的基本原则上，归根结底都是相同的。例如，不管处于什么文化，信仰什么宗教，在工作上都要努力取得成果，要为社会做贡献，这些都有普遍性，都是真理。”所以稻盛先生说：“日本人有日本人的思维方式，美国人有美国人的思维方式，但是真正重要的，不是日本思维方式好还是美国思维方式好，**而是作为一个国际化企业，必须将企业理念（经营哲学或企业文化）植入员工心中**，这件事做不好，不管你有多高的技术、多大的资本，我认为真正意义上的海外的成功都是不可能的。”

我认为欧美高科技企业进入中国，经过一段时间的辉煌后大多衰落的一个主要原因就是员工本地化做得不好。改革开放之初，大量欧美先进企业进入中国，这些企业的技术领先国内企业好几代，很多技术还填补了国内空白，没有本地竞争对手。当时国内人力薪资待遇很低，只要达到欧美企业薪资的一半甚至几分之一，就能大大领先于国内最好的企业待遇，所以我国的精英对进入外企非常青睐。但是，大多数外企没有利用好这一段黄金窗口期，它们对国内员工有歧视，不信任国内员工，只提供较好的物质待遇和技术培训，但基本中层以上的管理岗位都与中国内地员工无关，而任命中国香港、台湾地区或本国的人员，高层更是由其本国人员把控。到了40岁左右，这些看似风光的“外企金领”大都被以各种理由辞退，长久下来，在外企工作的中方员工也感觉自己是“二等公民”，像雇佣兵一样，没有归属感，与企业之间纯属利益合作关系，原企业好的企业文化和价值观没有复制到分公司中，与本地员工离心离德。

国内本土企业的员工都是随着企业成长而成长起来的，企业中的高管、中层都是企业元老，员工就会有很强的主人翁意识。外企和中企在技术领域的差距随着时间的推移不断缩小，一旦外企在技术上丧失了压倒性优势，双方竞争的胜负就由员工的战斗力来决定，这时外企在此方面的短板就成了它们的致命伤。一群三心二意的雇佣军对上全力以赴拼搏、以厂为家的本地军，胜负其实早已注定，在大多数情况下外企都是以失败而告终。随着这种情况的持续发展，双方的技术、资金实力不断逆转，大多数外企只能接受全面失败并退出中国，这就是很多成功的中国高科技企业“农村包围城市”的胜利过程。

印度是小米公司在海外拓展的第一个国家，目前小米在这个人口仅次于中国的大国取得了很大成功。小米手机成为超过三星手机在印度占有率排名第一的品牌，在印度刮起了“小米旋风”。印度为小米公司国际化拓展增强了信心并探索了成功之路。小米公司在印度的成功和小米在印度CEO、印度人马努密不可分。马努在刚关注小米公司时就对“小米哲学”充满好奇并从心里认可。在马努进入小米公司开始开拓印度市场时，马努一遍遍地将“小米哲学”向应聘者和渠道商讲述，以期寻找志同道合的合作者，成为“小米哲学”在印度的布道者和执行者，使小米印度分公司继承和复制了小米公司的企业文化和哲学。虽然小米公司在印度付出了不小的成长代价，但最终还是能茁壮成长，成为小米国外分公司的顶梁柱和领头羊。

小米原国际业务负责人王翔认为，小米国际化的成功之道是：“拓展新市场要把小米的文化和本地的文化融合起来，然后结合本地的实际来生根。”在这种正确的思想指引下，小米公司成为目前中国企业中国际化做得最好的公司之一，国际销售占小米整体收入的 40% 左右，这在一个 2000 亿元人民币销售规模的公司中是非常难得的，小米已经成为中国为数不多的真正国际化企业之一。

稻盛先生总结如何使企业国际化成功时说：**“我认识到在海外经营企业，归根结底就是一个如何治人的问题。在海外当地企业工作的员工们，对我、对日本常驻人员是否信任、是否尊敬，这才是关键。对公司是否抱有信任和尊敬之念，关键就要看这个公司是不是具备优秀的品格，优秀的品格能够超越人种、语言、历史和文化的障碍，能够打动世界不同国家人的心，优秀的品格中充满着美好的德行。”**

企业国际化还要注意的一点，就是会计在管理中发挥的作用。毕竟不同国家之间的管理，经营者对很多当地情况难免不熟悉，这时企业就会遇到很多经营风险，尤其是当地经营者经验不足或存心通过不正当手段谋取私利时，企业的风险就会更大。但会计原理是相通的，是一种通用的语言，一个严谨的会计系统会真实地反映经营的实态，使问题无处藏身。而且好的管理会计实际上也是企业经营哲学在企业具体管理中的落地，为企业的良好运作保驾护航，这就是稻盛先生强调会计是企业管理之舵的原因。

在京瓷开拓美国市场初期，由于货物通关时差等原因，美国分公司没有做到稻盛先生的会计准则要求的“一一对应原则”，使得业绩指标忽高忽低，账务也一度出现混乱，很多经营问题看不清楚。稻盛先生在发现这个情况后，坚决要求美国分公司克服各种困难进行整改，完全做到了与日本母公司一样的会计上的准确和实时，使母公司可以清楚地看到美国的实时经营情况。

在京瓷上市时，当时对京瓷的财务报表进行审核的是日本最严格的注册会计师之一宫村久治先生，他对京瓷的财务准确性有很大疑虑。他从对任何国际化公司而言都最难管理的京瓷美国公司入手查账，想证实他的想法，但他最终发现，京瓷美国公司竟然做到了：所有票据都按“一一对应原则”处理。打开存放现金存款的小保险柜，将现金和账簿对照，分文不差。从此宫村先生对京瓷的会计系统刮目相看。

这样严谨的财务制度确保了京瓷多年在海外拓展的安全

性，也实现了稻盛先生说的财务：**“它是企业风险控制的防火墙、保护员工不犯法的防护栏和凝聚人心的纽带。**”这也是前面雷军先生说的：“所有的全球化大公司其实都是用财务和法务对公司进行管理。”这一点在国际业务拓展中更为重要。

当然，因为地域和文化的差别，一个企业在开拓国际市场时也应该根据当地情况因地制宜地做出一些调整，比如稻盛先生在制定美国京瓷分厂员工的薪资标准时，根据美国的文化和传统调大了不同级别员工的工资待遇差别。适当的入乡随俗也是成功的必要条件，包括领导者在自己的企业中引进阿米巴管理时也要做适当的调整，僵化执行都不会取得好的效果，就像孟子讲的“尽信书，则不如无书”一样。

但是，一定要记住其中的关键原则，无论多么困难都不能更改，而且在引进的初期更要强调“原汁原味”地执行，只有在运用一定时间后才能思考如何优化。华为在引进 IBM 管理系统时，提出了“先僵化、后优化、再固化”的企业策略，任正非先生甚至对华为的干部员工提出了“削足适履”这样看似极端的要求。但这才是谦逊的学习态度，而且体现了企业领导者坚定的决心。思维方式、管理方式的改变是最难的，只有靠企业领导者这种谦逊的态度、义无反顾的决心和铁腕般的推进才能成功。最终运用之妙，存于一心，优秀领导者的成功最终都可以归结于此。

第九章

稻盛和夫经营学是否适合所有企业学习

我们前面探讨了稻盛和夫经营学通过在京瓷、KDDI、日航的实践，证明了它是适合所有行业和各种规模的企业学习的，那么，是不是所有企业都可以学习呢？我认为是，但不全是。稻盛和夫经营学由“人生哲学”“经营哲学”和“经营管理学”（主要是“管理会计学”与“阿米巴经营”等）三大部分组成，就是分为“道”（人生哲学、京瓷哲学、管理会计学）和“术”（阿米巴经营等）两部分。我们一直强调这两部分不是平行的而是递进的，“术”是建立在“道”之上的，要想使用稻盛先生的“术”就必须先理解和认同稻盛先生的“道”，否则很可能会使企业走火入魔、适得其反，这也是稻盛先生反复强调的。

对于稻盛先生的经营哲学乃至稻盛先生的人生哲学，我认为这些都是大家可以学习的，它们不仅对经营企业还对我们人生境界的提升都有很大帮助，会净化我们的心灵，使我们获得正确的思维方式和人生观。贫穷、富有对人生的幸福有很大影响，但没有直接对应关系，因为人的幸福最终来自成就感和心灵的满足。

前面我们说到的巴菲特先生在 73 岁时对大学生做过一次关于成功和人生幸福的演讲，他是被大家公认的全球最成功和最富有的人，所以他对幸福的定义对我们有非常大的指导意义，我们温习一下他是如何定义成功和幸福的，他说："当你们到了我这个年纪的时候，你们衡量自己成功的标准就是有多少人在真正关心你们，你们也希望得到他们的关心。我认识一些非常有钱的人，他们举办庆功宴会，修建以他们的名字命名的医院辅楼，但事实上世界上根本没有人关心他们。如果你们到了我现在的年纪，却发现没有人对自己有好感，不管你们的银行账户上有多大数目的存款，你们的生活依然是不幸的。"稻盛先生的哲学将指引我们摆脱过度物欲的侵袭和干扰，恢复我们自身的良知，为社会和他人做出贡献，从而获得别人的尊敬和真爱，收获真正的幸福。

关于孩子的教育，稻盛先生也给出了非常明确的建议，他极力反对西方所谓的给孩子自由的放任式教育。稻盛先生认为，孩子小时候对善恶没有判断力，人又有喜欢安逸不愿受苦的天性，所以父母作为孩子的第一任老师，必须担负起教育孩子的责任，要给孩子讲清楚什么是善、什么是恶。父母要通过必要的纪律规范孩子的行为，要让孩子懂得尊敬师长，要让孩子懂得吃苦，要培养孩子树立高尚远大的志向，并以身作则地让孩子养成良好的生活习惯。

这和儒家强调的"养不教，父之过"的意思完全一致。儒家非常强调父母对孩子的教育，父母要在孩子的小时候就给他们讲做人做事的道理，教育孩子要懂得礼义廉耻，要尊敬长辈，要有修身、齐家、治国、平天下的家国情怀，儒家要求孩子十五岁时就要树立起终身学习的志向，孔子说“十五有志于学”，并开始正式教授孩子学习《大学》，给孩子讲明道理，让孩子树立大志。崇尚儒家思想的皇家子弟同样要受到严格的管束，皇子也要尊敬师长，要按老师的要求完成每天的功课，做不好要受到处罚，这种教育有利于以儒家思想为指导的皇朝的传承。

我国历史上在这方面做得最好的代表人物之一是曾国藩，他对自己的子侄从小就严格教育，教给他们正确的做人做事之道，要求孩子“勤”“谦”“俭”。曾国藩虽然是科举出身，但他并不看重孩子的科举功名，认为考取功名除自身学问外还需要很多外在因素的配合，不能代表一个人的真实水平，可遇而不可求，在这方面花太大精力不值得，很可能会使人贻误终生。曾国藩要求孩子一定要努力学习，要有一技之长从而报效国家。

曾国藩一生的大半时间都在外任职，并没有和孩子在一起。其中平定太平天国之乱的十几年间更是戎马倥偬，但再忙他也要挤出时间，通过家书将自己的思想向子侄传达。他对孩子学习、生活上的事几乎做到事事关心，通过各种方式检查孩子学业的进展和做人的好坏，对做得不好的严格批评，绝不姑息。虽然曾国藩和他弟弟都是朝廷一品大员，但他们家族子弟中没有一个人成为纨绔子弟。曾国藩所处的时代到今天 100 多年，曾氏家族在国内国外、各行各业总共出了 200 多位专家，真可以说是家风淳厚、人才辈出。

随着社会的发展，有些人否定了原本家长对子女负责教导人生观、世界观的责任，认为那是“老古董”，只会束缚人性，于是转而推崇西方所谓的个性自由主义教育，认为孩子天性纯真，做的事都是好的，使有的孩子在树立人生观的黄金时期缺乏最宝贵的父母指导，接受了错误思想以致贻误终生。

其实，即便是西方教育的代表美国，在孩子教育上也在不断反思和改进。1945 年“二战”结束后美国经济高速发展，中产及以上富裕人群大规模产生，这时孩子出生在相对富裕的家庭中，不像他们的父母经历过美国 20 世纪 30 年代的经济大萧条。他们没有对贫穷、饥饿的印象，认为生活很容易，不用去吃苦奋斗，强调极端自我个性。他们的父母因为自己小时候受过苦，也希望能让孩子尽可能过得好一些，认为这么好的生活条件孩子理应珍惜，学会感恩，会树立理想去努力学习，从而获得很好的品德，实现更好的人生，因此美国很多人认为这将是美国最优秀的一代。但事与愿违，20 世纪 60 年代末，当这些富裕家庭的孩子长大成人后，大批孩子变成了嬉皮士、易皮士，以及成为更早一些的“垮掉的一代”的成员，他们极端自我自私、无理想、无政府主义、玩世不恭。哈佛、芝加哥等名校都发生了很多大规模且莫名其妙的学生运动，比如罢课、驱逐老师，大量孩子吸毒、有暴力倾向、性开放等，这些行为震惊了这些孩子们的家长和美国社会，促使后期美国家庭在孩子教育方面也开始注重品德和理想的教育。

如果同时看曾国藩的家书和美国最成功的企业家洛克菲勒写给孩子的信，我们会发现，虽然两人处于东西方完全不同的文化和社会制度中，但他们对孩子教育的重视度非常一致，基本都是事事关心。他们不厌其烦地通过学习、工作和生活中的点点滴滴向孩子传递并培养正确的人生观和价值观，有谆谆教诲也有严厉批评，他们希望孩子所拥有的价值观和面对问题时所采取的行动也是惊人的一致：诚实、正直、责任心、勇敢、信任、勤劳、谦虚等。洛克菲勒家族也像曾国藩家族在中国一样成为美国最成功的家族之一。

查理·芒格的孩子埃米莉在总结自己及 7 个兄弟姐妹为什么会诚实、重视品格时说：“**为人父母的成就之一就是将价值观、人性和道德理念传递给孩子**，但不是通过规律的宗教活动。我们在主教教堂上礼拜学校，学习黄金定律和基本教义。不过这些他们（芒格夫妇）几乎都以身作则。我觉得他（芒格）通过给我们讲那些他觉得值得尊敬和不值得尊敬的人的故事教育我们。”这充分印证了人在本性上是没有区别的。这既是稻盛先生所说的“作为人，何为正确”的本质，也是王阳明说的人的“良知”，没有国界和年代之别，父母要承担起将人类光辉的良知通过言传身教向孩子传递的责任。

我认为稻盛先生对孩子教育方面的大声疾呼正当其时。稻盛先生为此还在他最著名的《活法》系列丛书中，专为青少年写了一本《你的梦想一定能实现》，将他的思想、人生哲学向孩子们传授，真是一片苦心啊，这本书也非常值得家长阅读。孩子是世界的未来，中国改革开放40多年来，大量富裕家庭诞生，现在孩子的生活环境优越，美国的前车之鉴更应引起很多中国父母警醒，他们应注意担负起上天赋予父母培养下一代的神圣责任，使人类的明天更美好。

我们前面讲了稻盛先生的经营哲学思想蕴含儒家核心思想，稻盛先生的人生哲学主要来自佛教，对儒家和佛教感兴趣的读者更应该学习也更容易理解。无论是儒家经典还是佛教经典都存在晦涩难懂的地方，使我们阅读起来困难很大。但稻盛先生的书结合亲身经历和心得，用现代语言对儒家和佛教理论精神进行了注解，其中对儒家和佛教的一些核心思想，更是引经据典，并通过现代企业和生活中的实际案例进行说明，因此更加通俗易懂。儒家和佛教的思想是人类几千年文明沉积下来的人生大智慧，吸取其精华将对我们度过美好人生有很大帮助。

对于儒家经典，我推荐一套华杉先生注解的四书及《传习录》的白话文译本，华杉先生是华与华营销咨询公司董事长，也是一名成功的企业家，他的译本不像很多专业学者那样，即使是白话文译本也还有很多词语让大家难以理解，感觉从一种难懂的语言翻译到了另一种同样难懂的语言。华杉先生的译本主要是将《论语》《孟子》等书中的核心意思和精神表现出来，不像孔乙己那样刻意在一些难理解的生僻词上纠结。华杉先生一直经营企业，他在书中用了很多鲜活的经营案例帮助我们更好地理解书中原意，所以这是一套很接地气的儒家经典白话文译本，尤其适合企业界朋友阅读。如果我们能够有一些儒家理论的基础，对稻盛先生经营哲学的理解就会有很大的促进作用。

稻盛先生在佛教方面也有很深的造诣，他在五六岁时就随父亲参加佛教活动，并对佛教产生好感。他 12 岁时得了当时的绝症肺结核，面临死亡威胁，彷徨无助时在邻居阿姨的引导下学习了新宗教团体“生长之家”发行的书籍，对佛教主要的“因果循环”“心的力量”等思想有了切身体会并予以认同。后来帮助稻盛先生创业的最大恩人西枝一江先生更是虔诚的佛教徒，他对稻盛先生佛教思想的建立起到非常重要的作用。稻盛先生的佛教师傅西片法师也是西枝先生引荐的，稻盛先生 65 岁时在西片法师的主持下在京都八幡的圆福寺剃度，度过了一段专业修行时光，从而对佛教的理解更深入了一步。后来他在西片法师“出家后回归社会继续奉献大众，才是你的佛道啊”的指导下又重回俗界，这才有了后期稻盛先生 78 岁重出江湖拯救日航的一段企业传奇。稻盛先生人生的最终目的：“就是为了净化自己，使自己的心和灵魂变得更加单纯、更美丽，而为下一次轮回做准备。”这种思想主要来自佛教。

稻盛先生讲，自己作为一名科学家和企业家在经营企业的时候非常强调客观性，所有问题都要找出客观原因。对于一些业务员汇报的摸不着头脑的话会严厉批评。稻盛先生在管理上非常严格，强调按照规则执行，他制定的“一一对应原则”“双重确认原则”等管理规则的严格性远超现在企业界一般公司的要求，有些规则严格得近乎苛刻。稻盛先生做事追求完美，精益求精，这方面和我们普通人认为的“佛性”很不一致。稻盛先生反对将所谓的“佛性”带入企业管理，他一直认为管理应该是理性为主感性为辅，坚持“小善如大恶、大善似无情”的严格管理。

稻盛先生在对重大经营问题进行判断和决策时，坚持儒家和佛教共有的“因果循环”观点，要求做事首先要有善念，必须是对社会有益的，同时坚信“精诚所至，金石为开”的思想。在执行中，他强调要成功就必须“持续付出不亚于任何人的努力”，所以才能完成建立京瓷、KDDI 以及重整日航这些大家认为不可能成功的非常之举。

稻盛先生在人生态度上坚持佛教观点，**认为人有灵魂，会转世轮回，人生的唯一目的就是磨炼更好的灵魂，为下一段人生旅途做好准备**。这看似矛盾的思想，在稻盛先生身上相互碰撞并完美结合。我们会发现世界上一切美好的事情，都是看似矛盾的完美结合。就像现在被大家认为非常有道理的八卦图一样，白中有黑，黑中有白，黑白分界也不是一条直线，而是互相渗透。而且越成功的人把这些冲突的思想结合得越完美，这就是古人讲的“运用之妙，存于一心”，看似矛盾却各安其理，这也是普通人和伟人的主要区别之一。这和华为创始人任正非先生说的，管理中最难的不是非黑即白的判断，而是“灰度管理”，是一个意思。

所以，稻盛先生的哲学既可以修身又是企业经营理论的基础，是我们都可学习也应该认真学习的部分。

但是，我们如果要在自己的企业中全面引进稻盛和夫经营学的阿米巴系统，在对自己的企业进行改革之前，一定要问自己几个问题：我认可稻盛先生的“利他之心”的哲学吗？企业使命是只为一己私利还是为众人公利？自己是否愿意将企业建设成行业有影响力的支柱企业，并愿为之持续付出不亚于任何人的努力？是否愿意为企业的发展在自己的个人时间甚至健康等方面做出牺牲？这里并不是要让大家对这些问题一定有非常高分的回答，因为能够圆满回答这些问题的人很少。稻盛先生说他也是在不断磨炼自己，提升自己的心性，去更好地回答这些问题。他常常因为自己做得不好而对自己不满，所以坚持每日对自己的行为进行反省以使自己不断提升。

虽然稻盛先生本人也不能完全按照他的哲学要求去做，但我还是强调，如果要引入稻盛先生的管理系统，至少要认可稻盛先生经营学的基本理念。如果确实对某些方面不能完全认可，我认为也正常，就比如很多经营者没有稻盛先生那样想把企业办成世界第一的想法，希望拥有尽可能多的时间和家人在一起，想把更多的精力投入自己的业余爱好中去，企业只是自己养家糊口的一个工具，只要能负担自己一家的物质需求就可以了。我认为这种想法没有什么错误的地方，稻盛先生也说，人是被赋予不同的使命而诞生的，一个公司必然要同时存在董事长、部门经理、普通员工等各种不同的角色，每个人只是肩负他所扮演的角色使命并把他演好而已，企业也是同样的道理，一定是由世界级领导企业、行业骨干企业和中小微企业共同组成的，大家各自发挥作用社会才能良好运转，缺一不可，而且越小规模的企业数量越多，它们合起来对社会就业、税收的贡献同样不可忽视。

《中庸》上说："辟如天地之无不持载，无不覆帱。辟如四时之错行，如日月之代明。万物并育而不相害，道并行而不相悖。小德川流，大德敦化，此天地之所以为大也。"这句话的意思是说："只要是好的东西，万物生长，并不妨害，各得其所。如四季交换，日月交替，道路同时并行，互不冲突，每个人都可以选择自己走的路，这正是天地之所以为大的原因。"

如果我们认为自己的理想就是做一个中小微企业也没错。我们可以不引进稻盛先生那样严格和高要求的管理规范，不用实行阿米巴管理，但我们一定要学习稻盛先生经营学中的"利他之心"。我们虽然不能像稻盛先生那样要求完美的产品，但我们提供给顾客的产品一定是对得起良心和货真价实的，绝对不能是假冒伪劣产品。我们虽然不能做客户的“仆人”，但我们对客户一定存是有感恩之心的，是让客户感到舒心的，绝不能把我们的盈利建立在损害客户利益之上，要做到“修合无人见，存心有天知”，就是说我们做事的底线是要对得起自己的良心。我们可能做不到稻盛先生要求的“持续付出不亚于任何人的努力”，但我们决不能过分贪图享受而游戏人生，因为如果这样的话，我们不仅不能实现我们养家糊口的目标，还可能对社会造成危害。我们必须让自己的行为符合稻盛先生说的“宇宙的意志”——拥有“爱”和“认真地过好每一天”，否则我们的人生一定会很失败、很灰暗。

我们在学习稻盛和夫经营学时需要提醒自己保持平常心，学习一定会有反复，但我们要做到持之以恒，学习的过程就是磨炼自己意志品质的过程，其结果就是拓展心性。切忌心浮气躁、急于求成，希望像很多武侠书上描写的那样，一旦得到一本武林秘籍就能武功大增成为绝世高手，这种等同于神话的描写只能看看，千万不能当真，否则会贻误终生。

1 万小时定律是作家格拉德威尔在《异类》一书中指出的定律。他在书中写道：“人们眼中的天才之所以卓越非凡，并非天资超人一等，而是付出了持续不断的努力。1 万小时的锤炼是任何人从平凡变成世界级大师的必要条件。”他将此称为“1 万小时定律”，这才是学习学问真正需要有的态度和行动。我们常人可以推算一下，我们每年工作日就 200 多天，每天坚持练习 2 小时，要成为一个高手也需要 20 多年的时间，所以一定要保持平常心，持之以恒地去练习。

小米创始人雷军先生也认为，要成为一个行业中的高手只有通过苦练才能得来。对于他所热爱的软件编程事业，他说过："我的一个学长是美国卡内基－梅隆大学的博士，卡内基－梅隆大学计算机系在全世界非常出名，他说每个博士生必须写 10 万行代码才能毕业，卡内基－梅隆大学的博士进入任何一个企业基本不用面试。而国内培养的大部分研究生、博士生，动手能力都偏弱。没有写过足够的代码量，想成为高手是不可能的，只能纸上谈兵！"所以孟子说："梓匠轮舆，能与人规矩，不能使人巧。"意思是说："木匠可以把制作车轮或车厢的规矩、准则、方法教授给别人，但能不能成为能工巧匠，只能靠学习者自己去学习，实践。"也就是平常所说的"师傅领进门，修行在个人"。

哲学居于人类科学文明的最高层，是改造人类心灵和灵魂的学问，要真正掌握不止需要 1 万小时，而是要保持终身学习的习惯，所以稻盛先生提出了《六项精进》，要求大家终身学习、实践。在学习上我们经常会遇到这样的困境，当我们对自己或别人说出希望达到的境界时却往往难以完全做到，比如像不要贪心、不要嫉妒、要勇敢等确实说起来容易做起来难，这时我们就会在自己内心或被别人说"你就会唱高调"，甚至会被说"自欺欺人""虚伪"等，从而产生很大的挫折感，很多人因此放弃努力。

这其实是非常正常的一种现象，因为我们所追求的目标看似平凡却非常难以达到，所以我们在谈到这些道理时，包括在教导下属或子女学习时一定要谦虚，要承认自己离目标有很大差距，也在不断努力中。再者，我们要诚实地审视自己的内心，比如是不是口是心非，是不是真心想做到。如果确实是出于真诚，那我们就不应有什么愧疚。

稻盛先生说："在我们跳出自我，客观公正地观察自己的这种行为心理（心怀组织和社会，去掉'我执'心态）时，或许会发现这时的我们显得有些'伪善'，然而关键在于，即便这是事实，只要我们能够坚持住这种'伪善'，那么它就能在不知不觉中成为一种惯性，最终去伪存善，从而构成真我。"所以，我们要做的只是总结不足，咬牙坚持，持续改进，并鼓励身边的人继续与我们同行，绝不能半途而废，我们不能因为暂时跨越不上高山就放弃攀登。

王阳明在跟他的学生谈到什么是正确的学习态度时说："诸君功夫，最不可'助长'。上智绝少，学者无超入圣人之理。一起一伏，一进一退，自是功夫节次。不可以我前日用得功夫了，今却不济，便要矫强做出一个没有破绽的模样，这便是'助长'，连前些子功夫都坏了。此非小过。譬如行路的人遭一蹶跌，起来便走，不要欺人做那不曾跌倒的样子出来。人若着实用功，随人毁谤，随人欺慢，处处得益，处处是进德之资；若不用功，只是魔也，终被累倒。"王阳明这段话的核心意思是，要有诚实的学习态度，是为提升自己的水平学习，学以润身，而不是为获得别人的赞誉而学习。

要保持良好心态，坚持不懈，学习过程中的进退起伏都是正常的，不能拔苗助长，自欺欺人。

稻盛先生说："通往目标的长路漫漫，遥遥无期，长久踯躅，茫然不知所措，叹道：'自己终究力不从心啊！'于是放弃继续前行。西乡斥责道，此乃惰性，乃逃避，乃卑怯者的懦弱行径。"

稻盛先生甚至说："我有一种感觉，就是我们凡夫俗子不管如何努力修行，要真正参悟恐怕是不可能的，普通的人要达到开悟的境界归根结底是不可能的，但是我认为就是这样也不要紧。朝着参悟的境界努力，最终达不到那样的境界。但坚持朝那个方向努力，决不半途而废，这种精神本身就非常可贵。**神佛或宇宙的意志，并不是要爱已经成就了某种事业的人，而是爱努力想要达成某种事业的人。想要达成却没有达到，反省自己的不足，从明天开始依然坚忍不拔，朝着达成目标继续努力，这样的人才能获得拯救。**"所以我们要像稻盛先生说的："道阻且长，甘之如饴。"

孔子说过："天下国家可均也，爵禄可辞也，白刃可蹈也，中庸不可能也。"我认为儒家的中庸对应于佛教的境界就是开悟，孔子的意思就是，国家可以治理平定，高官厚禄可以辞掉，自己可以赴汤蹈火不惧危险，但中庸只能无限接近但不能达到。所以王阳明感叹："破山中贼易，破心中贼难。"《大学》上说，"大学之道，在明明德，在亲民，在止于至善"，这个"至善"就是中庸，但"至善"怎么可以得到？只能怀至诚之心，终身修行，戒慎恐惧，砥砺前行。

稻盛先生说：“**一个完整的人格是由先天赋予的性格与后天习得的哲学来共同组成的**。换言之，只有反复学习并掌握优秀的哲学思想，把它融入自己的血肉，才能提升并维持高尚的人格。”所以，要成为一个人格健全的人，我们别无选择，只有迎难而上。

对于学习方法，华衫老师提出两个代入法，我认为非常好，在这里和大家分享一下：**一是把自己代入到他们处理的事。如果我是稻盛先生、孔子、孟子、王阳明，我遇到他们做过的事我会怎么办？二是把他们代入我处理的事。今天我遇到的事，如果是稻盛先生、孔子、孟子、王阳明，他们会怎样处理，那我就照他们那样去做，长久下来我们好的思想习惯就会养成**。稻盛先生曾经提出过相似的学习方法。

大家不要觉得要终身学习会很苦，如果真正懂得其中的道理，学习实际上是一件非常快乐的事，孔子说：“学而时习之，不亦说乎？”不懈地学习好的知识并在工作生活中实践它，看到自己不断成长进步，这难道不是人生中最快乐的事吗？

结尾

是适者生存还是弱肉强食

现在商业市场中，企业竞争激烈，甚至到了残酷的地步，很多企业家都说，目前企业界实行的是丛林法则，结果是弱肉强食，但我们前面谈到了稻盛先生认为，“宇宙的意愿”就是“不断推进万事万物向前发展进化”，也就是儒家说的万事万物最终的趋势是“生生不息”。所以，稻盛先生认为企业竞争发展不是弱肉强食而是适者生存，企业倒闭的主要原因是经营者的懈怠和失误，就像很多生物灭亡的主要原因是自己不能主动改变去适应外界环境的变化。因此，稻盛先生提出，我们做人要每天怀有感恩之心，认真生活，这是上天对天下生灵共同的要求，人作为万物之灵更应做出表率，决不能懈怠、游戏人生。经营企业要怀有“利他之心”，把员工、客户的利益放在前面，兢兢业业地经营，这样企业的结果一定不会差。

我非常赞同稻盛先生的观点，现在有的经营者不在技术、服务上下功夫，而在产品上偷工减料，技术上得过且过，服务上毫不用心，对内压榨员工、对外欺蒙客户，不愿意吃苦只想“抄近道”赚热钱，这种企业倒闭完全是咎由自取，甚至不倒闭都天理不容。《孟子》上说，“天作孽，犹可违；自作孽，不可活”，这种对社会毫无贡献甚至是负贡献的企业被淘汰，正是适者生存法则的最好体现。

稻盛先生创办的企业和很多优秀企业的案例，可以充分证明，只要怀着一颗“利他之心”，以员工、客户的利益为重，自己想要成功就先让员工和客户成功，自己要致富首先要让员工和客户致富，自己不想做的事就不要员工和客户去做，这就是孔子说的“己欲立而立人，己欲达而达人”“己所不欲，勿施于人”，这就是“仁”和“道”。这样经营虽然会面临很多艰难险阻，但最终都会得到很好的发展，经营者也会有一个幸福的人生。

总结稻盛先生成功的根本原因，就是稻盛先生拥有优秀的经营哲学并贯彻始终。他的哲学核心就是“利他之心”，就是儒家的“仁”，就是孔子说的“己欲立而立人，己欲达而达人”“己所不欲，勿施于人”，但这种“仁”绝不是沽名钓誉式的“妇人之仁”和“小人之儒”，而是孟子说的具有浩然正气的真“仁”：**“其为气也，至大至刚，以直养而无害，则塞于天地之间。其为气也，配义与道；无是，馁也。”**这是具有义与道的、至大至刚的、浩然正气的“仁”。这股浩然正气将使我们勇敢、执着，使上天赋予我们的良知清明，而用良知去判断、决策事物则无往而不利，就是稻盛先生说的“作为人，何为正确”的判断基准。

我们只有把握好稻盛先生这个“道”，才能理解和掌握他的“术”，也才能学习和应用他的“术”，因为“术”是生长在“道”之上的。儒家文化造就了中华民族灿烂的历史，也是中国成为四大文明古国中唯一得以完整保存的最主要原因，并成就了汉、唐、宋、明、清等中国历史上伟大的王朝，为人类文明的进步做出了贡献。稻盛先生在21世纪将这一人类伟大的思想在商业经济领域予以发展、突破，实是中国之幸，因为中国人的血液里流淌着儒家思想基因，稻盛先生必将为有志成为世界级企业的中国企业照亮前进的方向并助其一臂之力!

最后用稻盛和夫（北京）管理顾问公司董事长曹岫云先生的精辟总结来结束本书：“**稻盛先生是通过光明大道到达巨大成功的典范，是纯粹的理想主义和彻底的现实主义优美结合的典范。这样的典范对于中国企业家，对于各行各业、各级领导，对于渴望成功的有识之士，对于一切有志于追求人生真理的年轻人，都具有重要的参考价值。**”衷心感谢曹董事长对稻盛先生思想在中国的传播做出的巨大贡献，使我们能够学习稻盛先生卓越的经营学；衷心感谢稻盛先生的博大思想和充斥宇宙的“利他之心”！

参考文献

[1] 稻盛和夫．干法 [M]. 曹岫云，译．北京：机械工业出版社，2019.

[2] 稻盛和夫．活法 [M]. 曹岫云，译．北京：东方出版社，2019.

[3] 稻盛和夫．活法贰：成功激情 [M]. 曹岫云，译．北京：东方出版社，2019.

[4] 稻盛和夫．活法叁：人生的王道 [M]. 曹岫云，译．北京：东方出版社，2019.

[5] 稻盛和夫．活法肆：人生与经营的法则 [M]. 曹岫云，译．北京：东方出版社，2019.

[6] 稻盛和夫．活法伍：成功与失败的法则 [M]. 曹岫云，译．北京：东方出版社，2019.

[7] 稻盛和夫．活法：你的梦想一定能实现（青少年版）[M]. 曹岫云，译．北京：东方出版社，2019.

[8] 稻盛和夫．京瓷哲学：人生与经营的原点 [M]. 周征文，译．北京：东方出版社，2015.

[9] 三矢裕，谷武幸，加护野忠男．稻盛和夫的实学：阿米巴模式 [M]. 刘建英，译．北京：东方出版社，2019.

[10] 稻盛和夫．稻盛和夫的实学：经营与会计 [M]. 曹岫云，

译 . 北京：东方出版社，2019.

[11] 稻盛和夫 . 稻盛和夫的实学：创造高收益 [M]. 喻海翔，译 . 北京：东方出版社，2019.

[12] 稻盛和夫 . 六项精进 [M]. 曹岫云，译 . 北京：中信出版社，2011.

[13] 稻盛和夫 . 坚守底线 [M]. 曹岫云，译 . 2 版 . 北京：中信出版社，2013.

[14] 稻盛和夫 . 经营十二条 [M]. 曹岫云，译 . 北京：中信出版社，2011.

[15] 稻盛和夫 . 经营为什么需要哲学 [M]. 曹岫云，译 . 北京：中信出版社，2011.

[16] 稻盛和夫 . 阿米巴经营 [M]. 曹岫云，译 . 3 版 . 北京：中国大百科全书出版社，2016.

[17] 稻盛和夫 . 敬天爱人：从零开始的挑战 [M]. 曹岫云，译 . 北京：机械工业出版社，2016.

[18] 梅原猛，稻盛和夫 . 拯救人类的哲学 [M]. 曹岫云，译 . 北京：机械工业出版社，2015.

[19] 稻盛和夫 . 稻盛和夫经营学 [M]. 曹岫云，译 . 北京：机械工业出版社，2018.

[20] 稻盛和夫 . 调动员工积极性的七个关键：稻盛和夫经营问答 [M]. 曹岫云，译 . 北京：机械工业出版社，2015.

[21] 稻盛和夫，京瓷株式会社 . 赌在技术开发上 [M]. 曹寓刚，译 . 北京：机械工业出版社，2017.

[22] 稻盛和夫，京瓷株式会社 . 利他的经营哲学 [M]. 曹岫云，译 . 北京：机械工业出版社，2017.

[23] 稻盛和夫，京瓷株式会社 . 企业成长战略 [M]. 周征文，译 . 北京：机械工业出版社，2017.

[24] 稻盛和夫，京瓷株式会社 . 企业家精神 [M]. 叶瑜，译 . 北京：机械工业出版社，2018.

[25] 稻盛和夫，京瓷株式会社 . 卓越企业的经营手法 [M]. 过立门，译 . 北京：机械工业出版社，2018.

[26] 稻盛和夫，京瓷株式会社 . 企业经营的真谛 [M]. 曹岫云，译 . 北京：机械工业出版社，2018.

[27] 稻盛和夫 . 心：稻盛和夫的一生嘱托 [M]. 曹寓刚，曹岫云，译 . 北京：人民邮电出版社，2020.

[28] 稻盛和夫，京瓷通信系统株式会社（KCCS）. 稻盛和夫阿米巴经营实践：全员参与经营，主动创造收益 [M]. 曹寓刚，译 . 北京：中国大百科全书出版社，2018.

[29] 稻盛和夫 . 心法：稻盛和夫的哲学 [M]. 曹岫云，译 . 北京：东方出版社，2014.

[30] 稻盛和夫 . 心法之贰：燃烧的斗魂 [M]. 曹岫云，译 . 北京：东方出版社，2014.

[31] 稻盛和夫 . 心法之叁：一个想法改变人的一生 [M]. 周征文，译 . 北京：东方出版社，2015.

[32] 稻盛和夫 . 心法之肆：提高心性　拓展经营 [M]. 曹岫云，译 . 北京：东方出版社，2016.

[33] 稻盛和夫 . 领导者的资质 [M]. 曹岫云，译 . 北京：机械工业出版社，2014.

[34] 稻盛和夫 . 稻盛和夫谈经营：人才培养与企业传承 [M]. 叶瑜，译 . 北京：机械工业出版社，2017.

[35] 稻盛和夫 . 稻盛和夫谈经营：创造高收益与商业拓展 [M]. 叶瑜，译 . 北京：机械工业出版社，2017.

[36] 稻盛和夫 . 人为什么活着：稻盛和夫的哲学 [M]. 吕美女，译 . 北京：中国人民出版社，2009.

[37] 稻盛和夫 . 稻盛和夫自传 [M]. 杨超，译 . 北京：东方出版社，2015.

[38] 森田直行 . 阿米巴巴长心得 12 条 [M]. 薛锦展，译 . 北京：东方出版社，2019.

[39] 森田直行 . 阿米巴经营（实战篇）[M]. 窦少杰，译 . 北京：机械工业出版社，2015.

[40] 北方雅人，久保俊介 . 空巴：稻盛和夫手把手教你如何践行阿米巴 [M]. 叶瑜，译 . 北京：东方出版社，2016.

[41] 村田忠嗣 . 六项精进实践 [M]. 叶瑜，译 . 北京：机械工业出版社，2020.

[42] 曹岫云 . 稻盛哲学与阳明心学 [M]. 北京：东方出版社，2018.

[43] 华杉 . 华杉讲透论语 [M]. 南京：江苏凤凰文艺出版社，2016.

[44] 华杉 . 华杉讲透孟子 [M]. 南京：江苏凤凰文艺出版社，

2018.
[45] 华衫．华衫讲透大学中庸 [M]. 上海：上海文艺出版社，2019.
[46] 华衫．华衫讲透王阳明传习录 [M]. 北京：人民日报出版社，2019.
[47] 华衫．华衫讲透孙子兵法 [M]. 南京：江苏凤凰文艺出版社，2014.
[48] 司马光．资治通鉴 [M]. 北京：光明日报出版社，2016.
[49] 度阴山．知行合一王阳明 [M]. 北京：北京联合出版公司，2014.
[50] 张磊．价值 [M]. 杭州：浙江教育出版社，2020.
[51] 李录．文明、现代化、价值投资与中国 [M]. 北京：中信出版社，2020.
[52] 范海涛．一往无前 [M]. 北京：中信出版集团，2020.
[53] 张丽俐．王卫：顺丰掌门人的创业与管理哲学 [M]. 北京：时事出版社，2018.
[54] 范毅然．洛克菲勒写给儿子的 38 封信 [M]. 长春：吉林文史出版社，2019.
[55] 洛尔．巴菲特幕后智囊：查理·芒格传 [M]. 邱舒然，译．3 版．北京：中国人民大学出版社，2021.
[56] 洛温斯坦．巴菲特传（纪念版）[M]. 蒋旭峰，王丽萍，译．北京：中信出版社，2013.
[57] 麦考德．奈飞文化手册 [M]. 范珂，译．杭州：浙江教

育出版社，2018.

[58] 施罗德 . 滚雪球：巴菲特和他的财富人生 [M]. 覃扬眉，等译 . 3 版 . 北京：中信出版社，2018.